essentials

essentials liefern aktuelles Wissen in konzentrierter Form. Die Essenz dessen, worauf es als „State-of-the-Art" in der gegenwärtigen Fachdiskussion oder in der Praxis ankommt. *essentials* informieren schnell, unkompliziert und verständlich

- als Einführung in ein aktuelles Thema aus Ihrem Fachgebiet
- als Einstieg in ein für Sie noch unbekanntes Themenfeld
- als Einblick, um zum Thema mitreden zu können

Die Bücher in elektronischer und gedruckter Form bringen das Expertenwissen von Springer-Fachautoren kompakt zur Darstellung. Sie sind besonders für die Nutzung als eBook auf Tablet-PCs, eBook-Readern und Smartphones geeignet. *essentials:* Wissensbausteine aus den Wirtschafts-, Sozial- und Geisteswissenschaften, aus Technik und Naturwissenschaften sowie aus Medizin, Psychologie und Gesundheitsberufen. Von renommierten Autoren aller Springer-Verlagsmarken.

Weitere Bände in der Reihe http://www.springer.com/series/13088

Holger Pfaff · Lara Lindert · Sabrina Zeike

Evidenzbasierte psychische Gefährdungsbeurteilung

Prinzipien und Instrumente für Entscheider in der betrieblichen Praxis

Springer

Holger Pfaff
IMVR, Universität zu Köln
Köln, Deutschland

Lara Lindert
IMVR, Universität zu Köln
Köln, Deutschland

Sabrina Zeike
IMVR, Universität zu Köln
Köln, Deutschland

ISSN 2197-6708 ISSN 2197-6716 (electronic)
essentials
ISBN 978-3-658-28066-6 ISBN 978-3-658-28067-3 (eBook)
https://doi.org/10.1007/978-3-658-28067-3

Die Deutsche Nationalbibliothek verzeichnet diese Publikation in der Deutschen Nationalbibliografie; detaillierte bibliografische Daten sind im Internet über http://dnb.d-nb.de abrufbar.

Springer ist ein Imprint der eingetragenen Gesellschaft Springer Fachmedien Wiesbaden GmbH und ist ein Teil von Springer Nature.
Die Anschrift der Gesellschaft ist: Abraham-Lincoln-Str. 46, 65189 Wiesbaden, Germany

Was Sie in diesem *essential* finden können

- Informationen, wie Sie die gesetzlich vorgeschriebene Gefährdungs-beurteilung einfach, effizient und dennoch wissenschaftlich fundiert gestalten können
- Erläuterung der Methode der evidenzbasierten psychischen Gefährdungs-beurteilung
- Einfache Beschreibung der zentralen Schritte des Gefährdungscontrollings

Vorwort

Die Arbeitswissenschaften und der Arbeitsschutz haben in der Vergangenheit große Leistungen bei der Bekämpfung von arbeitsbedingten Risiken vollbracht. Der Unfallschutz zum Beispiel ist Vorbild für viele andere Bereiche des Risikomanagements geworden, insbesondere auch des klinischen Risikomanagements. Hier konnte die Medizin vom Arbeitsschutz und den Arbeitswissenschaften viel lernen. Der Arbeitsschutz und mit ihm das betriebliche Gesundheitsmanagement stehen nun vor einem neuen Qualitätssprung, der dieses Mal von der Medizin inspiriert wird. Seit mehr als 20 Jahren hat die evidenzbasierte Medizin ihren Siegeszug in der medizinischen Behandlung und dem klinischen Risikomanagement angetreten. Ein Ende ist nicht absehbar. Dieser neue Ansatz, der an die Stelle von Expertenmeinungen den empirischen Beleg setzt, wird die Arbeitswissenschaften und den Arbeitsschutz revolutionieren.

Ein Anwendungsbeispiel liegt mit diesem *essential* vor: Es zeigt auf, wie das Prinzip der Evidenzbasierung konsequent auf den neuen Bereich der psychischen Gefährdungsbeurteilung gewinnbringend angewandt werden kann. Die bisherigen Verfahren zur psychischen Gefährdungsbeurteilung sind bisher nicht konsequent evidenzbasiert aufgebaut, wenn auch einzelne Verfahren evidenzbasierte Elemente enthalten. Zusätzlich wird beispielhaft das MIKE-Instrumentarium vorgestellt, das den Prinzipien dieses neuen Ansatzes der evidenzbasierten psychischen Gefährdungsbeurteilung gerecht wird und praxisnah eingesetzt werden kann.

Holger Pfaff
Lara Lindert
Sabrina Zeike

Inhaltsverzeichnis

Einleitung

In Deutschland waren 17 % der Arbeitsunfähigkeitstage im Jahr 2017 auf psychische Erkrankungen zurückzuführen. Psychische Erkrankungen bilden damit die zweitstärkste Gruppe der Gründe für Fehlzeiten (Knieps und Pfaff 2018). Für die Entstehung von psychischen Erkrankungen gibt es verschiedene Ursachen. Das biopsychosoziale Modell der Krankheitsverursachung, das sich in der Gesundheitsforschung weitgehend durchgesetzt hat, nimmt vor allem drei Ursachen in den Blick: biologische Erklärungsfaktoren (z. B. genetische Anfälligkeit), psychische Ursachen (z. B. Ängstlichkeit) und soziale Einflussfaktoren (z. B. Arbeits- und Lebensbedingungen) (Engel 1977).

Unter den sozialen Einflussfaktoren für die psychische Gesundheit spielen die Arbeitsbedingungen eine besondere Rolle. Die Auswirkungen der Arbeit auf die psychische Gesundheit von Beschäftigten sind mittlerweile durch zahlreiche Studien belegt (Sanderson und Andrews 2006; Stansfeld und Candy 2006; Rau und Buyken 2015; Rothe et al. 2017). Dabei muss beachtet werden, dass die Arbeit die psychische Gesundheit sowohl negativ als auch positiv beeinflussen kann (Gühne und Riedel-Heller 2015). Eine Betrachtung der Ursachen psychischer Erkrankungen sollte daher nicht nur die Belastungen in den Blick nehmen, sondern auch die Rolle der gesundheitsförderlichen Ressourcen. Die Auswirkungen der Arbeit auf die psychische Gesundheit bleiben zudem nicht ohne Folgen für betrieblich relevante Größen wie Fehlzeiten und Frühverrentungen. So zählen psychische Erkrankungen zu den Hauptgründen für die Frühverrentung (Bundes Psychotherapeuten Kammer (BPtK) 2013).

Das individuelle Leid der Beschäftigten und die betrieblichen Kosten machen eine gezielte Prävention psychischer Erkrankungen zu einer prioritären Aufgabe. Ziel der Prävention ist es, den Anstieg an Neuerkrankungen und die Zahl

© Springer Fachmedien Wiesbaden GmbH, ein Teil von Springer Nature 2020
H. Pfaff et al., *Evidenzbasierte psychische Gefährdungsbeurteilung*, essentials,
https://doi.org/10.1007/978-3-658-28067-3_1

der psychisch Erkrankten (Prävalenz) insgesamt zu begrenzen und – wo möglich – zu vermindern. Ein wesentlicher Pfeiler dieser Strategie ist die psychische Gefährdungsbeurteilung. Ziel der psychischen Gefährdungsbeurteilung ist es, auf der Grundlage einer „Beurteilung der für die Beschäftigten mit ihrer Arbeit verbundenen Gefährdung zu ermitteln, welche Maßnahmen des Arbeitsschutzes erforderlich sind" (§ 5 ArbSchG). Gefährdungen werden hierbei definiert als „die Möglichkeit eines Schadens oder einer gesundheitlichen Beeinträchtigung [...], ohne bestimmte Anforderungen an ihr Ausmaß oder ihre Eintrittswahrscheinlichkeit" (Bundesanstalt für Arbeitsschutz und Arbeitsmedizin (BAuA) 2014). Bei der Anwendung von Arbeitsschutzmaßnahmen zeigen sich in der Praxis allerdings immer wieder zwei Probleme: mangelnde Umsetzung oder – im Falle der Umsetzung – mitunter schlechte Qualität der Umsetzung.

Trotz der gesetzlichen Verpflichtung werden psychische Gefährdungsbeurteilungen in einem erheblichen Teil der deutschen Betriebe noch nicht durchgeführt (Sommer et al. 2018). Folgt man den Ergebnissen der modernen Umsetzungs- und Implementierungsforschung können dafür u. a. folgende Gründe maßgeblich sein: Tabuisierung des Themas, mangelnder subjektiver Nutzen, fehlende einfache Handhabung und/oder mangelnde Einbindung in die Unternehmensstrategie (Marangunić und Granić 2015).

In der Tat macht von den Betrieben, die die psychische Gefährdungsbeurteilung nicht anwenden, ein großer Teil den mangelnden Nutzen im Vergleich zum hohen Aufwand und ein kleinerer Teil die fehlenden Hilfestellungen als Gründe für die Nicht-Anwendung geltend (Sommer et al. 2018). Darüber hinaus kann auch die Unübersichtlichkeit der angebotenen Messinstrumente und Tools dazu führen, dass mögliche AnwenderInnen bereits bei der Auswahl überfordert sind und sie aus Angst vor der „falschen Wahl" die psychische Gefährdungsbeurteilung nicht beginnen (Ahlers 2015).

Das vorliegende Buch kann hier unterstützen, indem es zum einen zeigt, wie der Prozess einer evidenzbasierten psychischen Gefährdungsbeurteilung aussieht und welche Qualitätskriterien bei der Durchführung berücksichtigt werden sollten. Darüber hinaus wird beschrieben, wie die Methode der evidenzbasierten psychischen Gefährdungsbeurteilung in die Unternehmensstrategie integriert werden kann und welcher Nutzen hieraus erwächst. Zudem werden mit dem MIKE-Instrumentarium konkret einsetzbare Instrumente vorgestellt, welche den Kriterien der evidenzbasierten psychischen Gefährdungsbeurteilung gerecht werden.

In den Unternehmen, in denen die psychische Gefährdungsbeurteilung durchgeführt wird, ist nicht immer die notwendige Qualität bei der Beurteilung der Arbeit und der Ermittlung der Maßnahmen gegeben. Da der Gesetzgeber nicht vorschreibt, wie die Gefährdungsbeurteilung konkret durchzuführen ist, gibt es inzwischen relativ viele unstandardisierte Formen der psychischen Gefährdungsbeurteilung und relativ wenige Verfahren und Fragebögen, die ein wissenschaftlich gesichertes hohes Qualitätsniveau haben (Schuller 2018). Die Anwendung unwissenschaftlicher Verfahren, Instrumente und Maßnahmenvorschläge kann gravierende Probleme mit sich bringen: Sie kann erstens mitunter zu ungenauen oder gar fehlerhaften Messungen führen, was zu Fehlbeurteilungen (z. B. falsche Identifizierung der Gefährdungen) und letztendlich zu unnötigen Maßnahmen führt. Zweitens können nicht evidenzbasierte Vorgehensweisen dazu führen, dass die Maßnahmenvorschläge wenig mit der beurteilten Gefährdungssituation zu tun haben. Wenn diese notwendige logische Verbindung nicht gegeben ist, werden Arbeitsschutzmaßnahmen in die Wege geleitet, die die Gefährdungen nicht wirklich beseitigen (Scheinlösungen statt echte Lösungen). Das dritte Problem beim nicht evidenzbasierten Vorgehen ist, dass der Fall eintreten kann, dass die ausgesuchten Maßnahmen zwar auf die richtige Gefährdung abzielen, aber im Kern unwirksam sind, also nicht in der Lage sind, die Gefährdung zu minimieren. Evidenzbasierte Methoden der Gefährdungsbeurteilung, die eine wissenschaftliche Basis haben und standardisiert vorgehen, vermindern dieses Risiko. Sie gehen noch einen Schritt weiter und machen das Prinzip der Wissenschaftlichkeit (Evidenzprinzip) zum grundlegenden Prinzip: von der wissenschaftlichen Messung, über den Gebrauch wissenschaftlich fundierter Grenzwerte bis hin zu wissenschaftlich abgesicherten Maßnahmenvorschlägen. Dieser Sachverhalt findet in dem Begriff der *evidenzbasierten psychischen Gefährdungsbeurteilung* Ausdruck. Der Begriff evidenzbasiert wird gemeinhin mit „beweisgestützt" übersetzt und meint hier breiter gefasst „wissenschaftsgestützt" oder „wissenschaftlich begründet" (Sackett 1997).

Gesetzlicher Hintergrund

Laut Gesetzgebung gilt für Betriebe seit Ende 2013 die Pflicht, bei der Gefährdungsbeurteilung auch psychische Belastungen bei der Arbeit zu berücksichtigen (§ 5 ArbSchG). Das Arbeitsschutzgesetz (ArbSchG) sieht eine Ermittlung der Gefährdungen am Arbeitsplatz vor. Dies wird in § 5 des ArbSchG unter der Überschrift „Beurteilung der Arbeitsbedingungen" festgelegt:

> „Der Arbeitgeber hat durch eine Beurteilung der für die Beschäftigten mit ihrer Arbeit verbundenen Gefährdung zu ermitteln, welche Maßnahmen des Arbeitsschutzes erforderlich sind" (§5 Abs.1 ArbSchG).

Weiter heißt es:

> „Der Arbeitgeber hat die Beurteilung je nach Art der Tätigkeit vorzunehmen. Bei gleichartigen Arbeitsbedingungen ist die Beurteilung eines Arbeitsplatzes oder einer Tätigkeit ausreichend." (§ 5 Abs.2 ArbSchG)

Das bedeutet, der Arbeitgeber muss im Rahmen der psychischen Gefährdungsbeurteilung nicht zwingend jeden Arbeitsplatz einzeln beurteilen lassen, sondern kann übergreifend eine Gefährdungsanalyse je Tätigkeitsbereich vornehmen (Bundesanstalt für Arbeitsschutz und Arbeitsmedizin (BAuA) 2014).

Aus dem Arbeitsschutzgesetz und seinen verschiedenen Formen der Auslegung (z. B. Auslegung nach der Gemeinsamen Deutschen Arbeitsschutzstrategie (GDA) ergeben sich bestimmte **Grundpflichten** für den Arbeitgeber. Diese beinhalten die *Analyse der Gesundheitsgefährdungen,* die *Beurteilung der Gefährdung* und die *Einleitung geeigneter Schutzmaßnahmen* (Bundesanstalt für Arbeitsschutz und Arbeitsmedizin (BAuA) 2014). Darüber hinaus wurde

© Springer Fachmedien Wiesbaden GmbH, ein Teil von Springer Nature 2020
H. Pfaff et al., *Evidenzbasierte psychische Gefährdungsbeurteilung,* essentials,
https://doi.org/10.1007/978-3-658-28067-3_2

im Rahmen der GDA eine Leitlinie formuliert, nach der Unternehmen in ihrer Durchführung und Dokumentation der Gefährdungsbeurteilung zu beurteilen sind. Aus dieser Leitlinie geht auch die Dokumentationspflicht seitens des Arbeitgebers (auch für Kleinstbetriebe) hervor (Geschäftsstelle der Nationalen Arbeitsschutzkonferenz 2017). Zudem hat die Nationale Arbeitsschutzkonferenz Qualitätsgrundsätze für Instrumente und Verfahren im Rahmen der psychischen Gefährdungsbeurteilung formuliert, an denen sich auch das Aufsichtspersonal der Arbeitsschutzbehörden der Länder und der Unfallversicherungträger orientiert (Geschäftsstelle der Nationalen Arbeitsschutzkonferenz 2018).

Im Rahmen der hier vorzustellenden evidenzbasierten psychischen Gefährdungsbeurteilung wird die Methode der standardisierten Befragung angewendet. Von einer standardisierten Befragung wird gesprochen, wenn eine Befragung schriftlich über einen Fragebogen auf Papierbasis oder in elektronischer Form erfolgt (Bundesanstalt für Arbeitsschutz und Arbeitsmedizin (BAuA) 2014). Die Gefährdungserfassung über einen Fragebogen bietet den Vorteil, dass ein umfassendes Bild der Situation im Unternehmen generiert wird und alle Beschäftigten, als ExpertenInnen für ihre eigene Situation, selbst Auskunft zu ihren Arbeitsplatzbedingungen geben können. Werden strukturierte Befragungen durchgeführt, können zudem Tätigkeitsbereiche oder Abteilungen (auch standortübergreifend) miteinander verglichen und mögliche Kausalzusammenhänge (Ursache-Wirkungs-Beziehungen) aufgedeckt werden (Kommunale Unfallversicherung Bayern und Bayerische Landesunfallkasse 2016). Weiterhin bietet die Erfassung über definierte Kennzahlen die Möglichkeit, die Werte eines ersten Erhebungszeitpunkts mit den Ergebnissen nachfolgender Befragungen zu vergleichen, Entwicklungsfortschritte nachzuweisen und getroffene Maßnahmen hinsichtlich ihrer Wirkung zu bewerten.

Theoretischer Rahmen für die evidenzbasierte psychische Gefährdungsbeurteilung

Ausgangspunkt einer jeden evidenzbasierten psychischen Gefährdungsbeurteilung ist ein theoretisches Modell, das wissenschaftlich abgesichert ist und die Ursachen psychischer Gefährdungen erklärt. Ein häufig genutztes Grundmodell ist das Anforderungs-Ressourcen-Modell (Bakker und Demerouti 2007; Bakker et al. 2010; Schaufeli et al. 2009). Dieses Modell hat sich in der Wissenschaft weitgehend durchgesetzt, auch weil es andere Modelle wie das Demand-Control-Modell (Karasek 1979, 2008), das Gratifikationskrisen-Modell (Peter et al. 2002; Siegrist 2007) sowie das Puffermodell der sozialen Unterstützung (House 1981; Pfaff 1989) zu integrieren versteht.

Die zentrale These des Anforderungs-Ressourcen-Modells (engl. Job-Demands-Resources-Model) ist, dass Anforderungen die Anfälligkeit für das Entstehen psychischer Erkrankungen erhöhen und Ressourcen diese Anfälligkeit vermindern (Abb. 3.1). Unter Anforderungen werden in diesem Modell Belastungen zusammengefasst, mit denen sich eine Person auseinandersetzen muss. Ressourcen wirken dabei direkt positiv auf die Gesundheit ein oder schützen diese, indem sie die negative Wirkung der Belastungen abfangen. Die zentrale These des Modells ist somit, dass eine psychische Gefährdung entweder durch hohe Belastungen[1] oder durch einen Mangel an Ressourcen gegeben ist. Eine besonders hohe Gefährdung ist nach diesem Modell gegeben, wenn beide Bedingungen gegeben sind: hohe Belastungen/Anforderungen und ein Mangel an Ressourcen. Das Modell postuliert weiter, dass die Gefahr einer psychischen

---

[1]Exkurs: Belastungen werden nicht grundsätzlich als schlecht verstanden, erst wenn sie länger andauern und nicht abgefangen werden, können sie zu einer negativen Beanspruchung führen. Je nach Grad und Dauer der Belastung kann sich diese sogar förderlich auf die Gesundheit der Beschäftigten auswirken (Joiko et al. 2010).

© Springer Fachmedien Wiesbaden GmbH, ein Teil von Springer Nature 2020
H. Pfaff et al., *Evidenzbasierte psychische Gefährdungsbeurteilung,* essentials,
https://doi.org/10.1007/978-3-658-28067-3_3

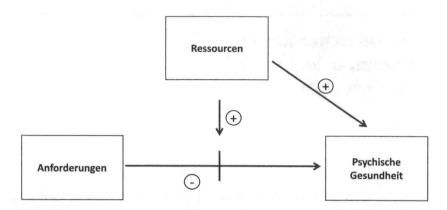

Abb. 3.1 Das Anforderungs-Ressourcen-Modell (in Anlehnung an Bakker und Demerouti 2007)

Gefährdung besonders dann gegeben ist, wenn eine Kombination aus einer hohen Belastung und einem Mangel bei mehr als einer Ressource gegeben ist. Diese Grundaussage wird bei der Beurteilung der Gefährdungen (s. Abschn. 4.2.3) zu berücksichtigen sein. Sie bedeutet, dass erstens Belastungen und Ressourcen in die Beurteilung der Gefährdungslage einzubeziehen sind und zweitens, dass die alleinige Betrachtung einzelner Faktoren der Arbeit im Rahmen der Gefährdungsbeurteilung – wie es viele Verfahren tun (Bundesanstalt für Arbeitsschutz und Arbeitsmedizin (BAuA) 2014; Satzer 2009) – aus epidemiologischer Sicht nicht angemessen ist, da sie potentielle Gefährdungslagen, die sich oft erst aus einer bestimmten Kombination von Gefährdungsfaktoren ergeben (Paulus 2019), nicht abbildet.

Die Methode der evidenzbasierten psychischen Gefährdungsbeurteilung

4

Ziel der Methode der evidenzbasierten psychischen Gefährdungsbeurteilung ist es, die gesundheitlichen Risiken am Arbeitsplatz erstens durch eine evidenzbasierte Analyse der psychischen Gefährdungen aufzudecken und zweitens geeignete evidenzbasierte Gegenmaßnahmen einzuleiten. Ein evidenzbasiertes System beinhaltet drei Komponenten: Prinzipien der evidenzbasierten Gefährdungsbeurteilung, ein Gefährdungscontrolling und evidenzbasierte Instrumente und Verfahren.

4.1 Prinzipien evidenzbasierter psychischer Gefährdungsbeurteilung

Vier Leitprinzipien prägen die evidenzbasierte psychische Gefährdungsbeurteilung: das Evidenzprinzip, das Partizipationsprinzip, das Controlling-Prinzip und das Bedarfsprinzip.

4.1.1 Das Evidenzprinzip

Im Rahmen des Konzepts der evidenzbasierten psychischen Gefährdungsbeurteilung nimmt naturgemäß das Evidenzprinzip eine zentrale Rolle ein. Unter Evidenzprinzip wird hier die Orientierung des praktischen Handelns an wissenschaftlich fundierten Methoden, Messinstrumenten, Vorgehensweisen, kausalen Erkenntnissen und Wirksamkeitsnachweisen verstanden. Man kann dies auch als Prinzip der Evidenzbasierung bezeichnen.

© Springer Fachmedien Wiesbaden GmbH, ein Teil von Springer Nature 2020
H. Pfaff et al., *Evidenzbasierte psychische Gefährdungsbeurteilung,* essentials,
https://doi.org/10.1007/978-3-658-28067-3_4

Das Konzept der evidenzbasierten psychischen Gefährdungsbeurteilung ist von der Leitidee der evidenzbasierten Medizin geprägt. Die evidenzbasierte Medizin (Evans et al. 2013; Lauterbach 2000; Sackett 1997) wird definiert als „der gewissenhafte, ausdrückliche und vernünftige Gebrauch der gegenwärtig besten externen, wissenschaftlichen Evidenz für Entscheidungen in der medizinischen Versorgung individueller Patienten" (Sackett 1997). Das Evidenzprinzip kann – als Meta-Prinzip – von der medizinischen Behandlung auf die Prävention und Gesundheitsförderung übertragen werden. Es wird immer mehr im Präventionsbereich diskutiert und angewandt (Kliche et al. 2006; Ruckstuhl 2003; Schmacke 2009; Büchter und Albrecht 2019). Bisher findet dies besonders im angelsächsischen und weniger im deutschen Sprachraum statt. Die Anwendungsgebiete liegen im Bereich der Verhaltensprävention und zunehmend auch im Bereich der Verhältnisprävention (Pfaff und Slesina 2001). Evidenzbasierte betriebliche Prävention basiert auf Erkenntnissen aus betrieblichen Experimenten oder Quasi-Experimenten oder – wenn auch auf viel niedrigerem Evidenzniveau – gut durchgeführten Beobachtungsstudien zum Zusammenhang zwischen Präventionsmaßnahmen und Gesundheit. In der Zwischenzeit liegen, obwohl diese Form der Experimente im betrieblichen Setting nur mit Mühe durchgeführt werden können, bereits etliche Erkenntnisse aus entsprechenden Studien vor (Pedersen et al. 2018; Rothe et al. 2017; Song und Baicker 2019; de Haan et al. 2019; Atlantis et al. 2006; Andersen et al. 2015; Egan et al. 2007; Bambra et al. 2007). Dies gilt auch für den Bereich der betrieblichen Prävention psychischer Beeinträchtigungen (Huang et al. 2015; Kelloway 2017). Die Erkenntnisse aus solchen Studien bilden die Grundlage für den später zu diskutierenden evidenzbasierten Maßnahmenkatalog (s. Abschn. 4.1.2 und 5.2). Aus diesen Gründen ist es an der Zeit, das Evidenzprinzip offiziell in die psychische Gefährdungsbeurteilung einzuführen. Das Evidenzprinzip sollte im gesamten Prozess der Gefährdungsbeurteilung angewendet werden. Dies beinhaltet die Anwendung wissenschaftlicher Methoden bei der Erfassung der Gefährdungslage, bei der Beurteilung dieser Gefährdungslage, bei der Maßnahmenplanung und -umsetzung und bei der Evaluation der Maßnahmen.

4.1.1.1 Anwendung des Evidenzprinzips bei der Erfassung der Gefährdungslage

Die evidenzbasierte Gefährdungsbeurteilung fängt bei der Erfassung der Gefährdungslage an und bezieht sich auf die Nutzung epidemiologischer Krankheitsverursachungsmodelle, die Erfassung epidemiologisch nachgewiesener Gefährdungsfaktoren und die Nutzung epidemiologischer Messinstrumente.

Fokus auf evidenzbasierte Krankheitsverursachungsmodelle Es sollten bei der Konzeptionierung der evidenzbasierten psychischen Gefährdungsbeurteilung nur solche Krankheitsverursachungsmodelle genutzt werden, die sich in (sozial-) epidemiologischen Studien als vorhersagekräftig in Bezug auf die psychische Gesundheit herausgestellt haben (s. Kap. 3). Die Anwendung dieses Prinzips führt dazu, dass Verfahren als nicht geeignet angesehen werden müssen, die die Auswahl der Gefährdungsfaktoren nicht an einem epidemiologisch abgesicherten Modell ausgerichtet haben.

Fokus auf evidenzbasierte Gefährdungsfaktoren Das Evidenzprinzip legt nahe, nur solche Arbeitsbedingungen bzw. Gefährdungsfaktoren zu erfassen, für deren negative Wirkung auf die psychische Gesundheit es aus (sozial-)epidemiologischen Studien ausreichend empirische Belege gibt. Nur so kann sichergestellt werden, dass „echte" psychische Gefährdungsfaktoren erfasst werden. Dieses Prinzip hat zur Folge, dass Gefährdungsfaktoren nicht berücksichtigt werden sollten, für die es keine ausreichenden Belege für die Annahme gibt, dass sie eine negative Wirkung auf die psychische Gesundheit haben.

Fokus auf evidenzbasierte Messinstrumente zur Analyse der Arbeitssituation Das Evidenzprinzip legt weiter nahe, bei der Erfassung der Gefährdungslage möglichst nur Messinstrumente zu verwenden, die die wissenschaftlichen Qualitätskriterien Objektivität, Reliabilität und Validität erfüllen (Lehner und Farthofer 2012; Pigeot et al. 2006) und valide die epidemiologisch abgesicherten Gefährdungsfaktoren erfassen. Im Idealfall sollten genau jene validierten Messinstrumente verwendet werden, die in den epidemiologischen Studien den Nachweis erbrachten, dass der so erfasste Gefährdungsfaktor mit psychischen Beeinträchtigungen zusammenhängt. Da diese Messinstrumente jedoch oft kostenpflichtig sind, wenn sie außerhalb der Wissenschaft eingesetzt werden, oder für den praktischen Gebrauch zu lang sind, ist dieser Idealfall nicht immer realisierbar. In diesem Fall ist aus Evidenzsicht anzustreben, für die Gefährdungsbeurteilung validierte Kurzskalen einzusetzen, deren Validität durch eine wissenschaftliche Veröffentlichung nachgewiesen ist. Ist auch dies nicht gegeben, sollten die im Gefährdungsfragebogen eingesetzten Messinstrumente zumindest das nachrangige Qualitätskriterium der Reliabilität, ebenfalls am besten nachgewiesen durch wissenschaftliche Veröffentlichungen, erfüllen. Das in der wissenschaftlichen Praxis nach wie vor gängige Maß dafür ist Cronbachs Alpha (Eisinga et al. 2013; Flake et al. 2017). Cronbachs Alpha sollte nach herrschender Meinung einen Wert größer 0,7 haben (Peterson 1994;

Nunnally 1978). Kritisch für die Länge eines Gefährdungsbeurteilungsbogens ist, dass das Alpha unter das akzeptable Niveau von 0,7 fallen kann, wenn man den Fragebogen zu sehr kürzt (Peterson, 1994). Wie eine Übersichtsarbeit zeigte, ist es schwierig, selbst den moderaten Cronbachs Alpha Grenzwert von 0,7 zu erreichen, wenn man eine Dimension (z. B. einen Inhalt der GDA-Merkmalsbereiche) mit nur zwei Fragen erfassen will (Peterson, 1994). Man benötigt somit mindestens drei Fragen pro Dimension. Da der GDA, der in Deutschland maßgeblich für das Aufsichtshandeln des Staates ist, die Messung von 16 Dimensionen (exkl. neue Arbeitsformen) vorschreibt, werden die Fragebögen folglich mit nicht weniger als 48 Fragen auskommen. Manche Anbieter bieten kürzere Fragebogen an, indem sie entweder nur ein bis zwei Fragen pro Dimension stellen oder nicht alle GDA-Dimension bei der Befragung abdecken. Beides ist aus Sicht des evidenzbasierten Ansatzes problematisch. Im letztgenannten Fall wird nicht den GDA-Normen entsprochen und im ersten Fall wird die Wahrscheinlichkeit einer nicht reliablen Messung mit entsprechenden Messfehlern erhöht und/oder die Konstruktvalidität vernachlässigt (Marsh et al. 1998; Little et al. 1999; Emons et al. 2007; Nunnally und Bernstein 1994; Eisinga et al. 2013).

Die Anwendung des Evidenz-Prinzips auf die Fragebögen zur Gefährdungsbeurteilung führt abschließend dazu, dass Fragebögen in der Regel als nicht geeignet für die evidenzbasierte Gefährdungsbeurteilung angesehen werden müssen, die zur Erfassung der Gefährdungslage Messinstrumente einsetzen, deren Reliabilität nicht getestet ist oder deren Reliabilität getestet, aber ungenügend ist (z. B. Cronbachs Alpha unter 0,7).

4.1.1.2 Anwendung des Evidenzprinzips bei der Beurteilung der Gefährdungslage

Die Beurteilung der Gefährdungslage ist der Kern der Gefährdungsbeurteilung. Die Nutzung des Evidenzbegriffs bezieht sich in dieser Phase auf die Auswertung und die Interpretation der Daten und auf die Festlegung des Handlungsbedarfs durch objektive Schwellenwerte.

Beachtung der Prinzipien Auswertungs- und Interpretationsobjektivität Die Anwendung des Evidenzprinzips impliziert, dass bei der Beurteilung der Gefährdungslage möglichst nur Beurteilungsverfahren angewendet werden, die die wissenschaftlichen Qualitätskriterien der Auswertungsobjektivität und Interpretationsobjektivität erfüllen. Dies bedeutet letztendlich, dass die Auswertung und die Interpretation der Ergebnisse der Gefährdungserfassung nicht von der Person des Beurteilenden abhängen dürfen. Bei gleichen Gefährdungslagen in den Abteilungen und Betrieben sollten die gleichen Schlussfolgerungen gezogen werden, unabhängig vom Auswertenden und Interpretierenden. Die Anwendung dieses Prinzips führt dazu, dass Verfahren als nicht geeignet angesehen werden müssen, bei der die Beurteilung der Gefährdungslage ohne standardisierte Auswertungs- und Interpretationsregeln erfolgt. Dies ist z. B. regelmäßig der Fall, wenn mit den Beschäftigten ausschließlich Workshops durchgeführt werden und sich dort entscheidet, in welchem Ausmaß Gefährdungen gegeben sein könnten.

Fokus auf evidenzbasierte Gefährdungsschwellen Es sollten bei der Beurteilung der Gefährdungslage nicht nur Beurteilungsverfahren angewendet werden, die die wissenschaftlichen Qualitätskriterien der Auswertungsobjektivität und Interpretationsobjektivität erfüllen, sondern auch solche, die evidenzbasierte Gefährdungsschwellen als Entscheidungskriterium für Handlungsbedarf nutzen. Bei diesen Gefährdungsschwellen handelt es sich um einheitliche, standardisierte und empirisch ermittelte Grenzwerte, die – unabhängig vom Beurteilenden – anzeigen, ob von einem potenziellen Gefährdungsfaktor tatsächlich eine Gefährdung ausgeht. Diese Gefährdungsschwellen sollten am besten auf empirisch nachgewiesenen Gefährdungsschwellen beruhen (Zeike et al. 2018). Gefährdungsschwellen können so, empirisch abgeleitet Handlungsbedarf anzeigen. Die Anwendung dieses Prinzips führt dazu, dass Verfahren als nicht geeignet angesehen werden müssen, wenn die Entscheidung über eine gegebene Gefährdung über Ad-hoc-Konsens in Workshops oder Gruppendiskussionen oder über normativ festgelegte Schwellenwerte (z. B. durch Experteneinschätzung) erzielt werden. Workshops und ähnlich geartete Gruppendiskussionsverfahren werden in der Gefährdungsbeurteilung jedoch – aus guten Gründen – oft eingesetzt und können beispielsweise hilfreiche vertiefende Ergebnisse liefern (Klenke 2016; Köhnen 2012). Workshops oder andere qualitative Verfahren, z. B. Interviews oder Fokusgruppen sind jedoch alleine eingesetzt und ohne Flankierung durch evidenzbasierte Schwellenwerte für die evidenzbasierte psychische Gefährdungsbeurteilung nur bedingt geeignet.

4.1.1.3 Anwendung des Evidenzprinzips bei der Maßnahmenplanung

Die Einleitung von Maßnahmen zur Abwehr der festgestellten Gefährdungen gehört ebenfalls zum Kernstück der Gefährdungsbeurteilung und ist im Arbeitsschutzgesetz explizit gefordert (§ 5 ArbSchG). Die Anwendung des Evidenzbegriffs bezieht sich in diesem Fall auf die Nutzung des Wissens über nachgewiesenermaßen wirkungsvolle Maßnahmen. Wurde eine psychische Gefährdung festgestellt und werden Schutzmaßnahmen diskutiert und erwogen, legt das Evidenzprinzip nahe, möglichst nur solche Schutzmaßnahmen in Betracht zu ziehen und am Schluss in die Wege zu leiten, die evidenzbasiert, d. h. nachweislich wirksam, sind (Brodbeck 2008; Berner et al. 2007; Bödeker und Kreis 2002; Kreis und Bödeker 2003; Karasek 2004). Da die Forschung zu den evidenzbasierten Maßnahmen der Verhältnisprävention jedoch noch am Anfang steht, kann man zurzeit noch keine zu hohen Maßstäbe an das Evidenzniveau (s. u.) ansetzen. Für einzelne Gefährdungsbereiche, z. B. Arbeitsintensität und Mangel an Handlungsspielraum, liegen jedoch bereits Maßnahmen auf ansprechendem Evidenzniveau vor (Karasek 2004; Bambra et al. 2007; Egan et al. 2007; Häusser et al. 2010). Anders als in der evidenzbasierten Medizin, wo ein Evidenzniveau von I angestrebt wird, muss man bei dem derzeitigen Stand der Forschung in der betrieblichen Verhältnisprävention damit zufrieden sein, wenn die Evidenzniveaus II, III und IV gegeben sind. Die Anwendung dieses Prinzips führt dazu, dass Verfahren als in der Regel nicht geeignet angesehen werden müssen, die Maßnahmen aus Workshops und/oder Gruppendiskussion heraus ableiten und beschließen, sofern dies nicht auf der Basis evidenzbasierter Maßnahmenvorschläge geschieht (s. Abschn. 4.1.2 und 5.2).

Evidenzniveaus
Für die Beurteilung der Studien lassen sich nach Shekelle et al. (1999) allgemein vier Haupt-Evidenzstufen unterscheiden, wobei IV die niedrigste und I die höchste Stufe darstellt (Tab. 4.1). Die Stufen I und II werden dabei noch in „a" und „b" unterteilt, wobei „a" bedeutet, dass die Aussagekraft dieses Nachweises besser ist als der Nachweis auf Stufe „b".

Das Prinzip des Einsatzes evidenzbasierter Maßnahmen bedeutet, dass eine reine Beschreibung einer Maßnahme mit ihren Strukturen und Prozessen in einem

Tab. 4.1 Evidenzstufen (Shekelle et al. 1999)

Evidenzstufen	
Ia	Wenigstens ein systematischer Review auf der Basis methodisch hochwertiger kontrollierter, randomisierter Studien (RCTs)
Ib	Wenigstens ein ausreichend großer, methodisch hochwertiger RCT
IIa	Wenigstens eine hochwertige Studie ohne Randomisierung
IIb	Wenigstens eine hochwertige Studie eines anderen Typs quasi-experimenteller Studien
III	Mehr als eine methodische hochwertige nichtexperimentelle Studie
IV	Meinungen und Überzeugungen von angesehenen Autoritäten (aus klinischer Erfahrung); Expertenkommissionen; beschreibende Studien

Tab. 4.2   Empfehlungsstärke (Shekelle et al. 1999)

Empfehlungsstärke	
A	Empfehlung basierend auf Evidenzstufe I (1:1 Umsetzung der Maßnahme)
B	Empfehlung basierend auf Evidenzstufe II oder abgeleitete Empfehlung basierend auf Evidenzstufe I
C	Empfehlung basierend auf Evidenzstufe III oder abgeleitete Empfehlung basierend auf Evidenzstufe II
D	Empfehlung basierend auf Evidenzstufe IV oder abgeleitete Empfehlung basierend auf Evidenzstufe III

Vortrag, einer Präsentation, einem Buchbeitrag oder einer wissenschaftlichen Zeitschrift noch nicht bedeutet, dass diese auch evidenzbasiert ist. Sind ExpertInnen der Meinung, dass es sich hier um eine wirksame Maßnahme handelt, ist lediglich die Evidenzstufe IV erreicht. Den überzeugendsten Wirksamkeitsnachweis liefern hochwertige randomisierte kontrollierte Studien (RCTs)[1] (Stufe Ib) oder systematische Übersichtsarbeiten (Reviews), die die Ergebnisse dieser RCTs zusammenfassen und analysieren und so eine noch bessere Wirksamkeitseinschätzung erlauben (Stufe Ia). Das Evidenzniveau der Stufe Ib ist im Bereich der betrieblichen Verhaltensprävention durchaus erreichbar (z. B. Fiedler et al. 2019), im Bereich der betrieblichen Verhältnisprävention ist diese Evidenzstufe in der betrieblichen Praxis jedoch Ausnahmefällen vorbehalten. Diese Evidenzstufe anzustreben, ist eher die Aufgabe wissenschaftlicher Projekte. Aber auch diese haben mit betriebspolitischen Herausforderungen und mit der hohen Dynamik der modernen Arbeitswelt zu kämpfen, die sauber geplante Untersuchungspläne zunichtemachen können.

Die Evidenzstufen dienen als Grundlage für die Stärke der Maßnahmenempfehlung wobei A die höchste und D die schwächste Empfehlungsstärke darstellt (Tab. 4.2).

Bei der Nutzung eines evidenzbasierten Maßnahmenkatalogs ergibt sich in der Praxis oft die Herausforderung, dass die in der Literatur vorfindbaren evidenzbasierten Maßnahmen nicht 1:1 auf die gegebene Situation vor Ort angewandt werden können. Die Maßnahmen müssen entsprechend an die spezifische Situation im Betrieb angepasst werden, ohne deren Wirkungskern grundlegend zu verändern.

---

[1]zu RCT s. Abschn. 4.2.7

Wir schlagen für die Lösung dieses Problems die Anwendung des Prinzips der evidenzbasierten Partizipation vor (s. Abschn. 4.1.2). Das evidenzbasierte Wissen gibt zunächst vor, welche Maßnahmen als mögliche Lösungswege infrage kommen. Um geeignete Maßnahmen auszuwählen und an die konkrete Situation im Unternehmen anzupassen, wird anschließend das Erfahrungswissen der Beschäftigten mit einbezogen, indem sie am Auswahl- und/oder Durchführungsprozess beteiligt sind.

4.1.1.4 Anwendung des Evidenzprinzips bei der Maßnahmenevaluation

Zu den Grundpflichten des Arbeitgebers gehört nach § 3 ArbSchG die Überprüfung der durchgeführten Maßnahmen auf ihre Wirksamkeit. Die Anwendung des Evidenzprinzips führt bei der Frage der Wirksamkeitskontrolle zur Forderung, die Wirksamkeit von Maßnahmen mit wissenschaftsbasierten Formen der Evaluation durchzuführen. Da es sich bei solchen Maßnahmen oft um komplexe Interventionen handelt, bedarf es im optimalen Fall nicht nur einer abschließenden Ergebnisevaluation, sondern auch einer Prozessevaluation (Moore et al. 2015; Craig et al. 2008; Biron und Karanika-Murray 2014). Die Ergebnisevaluation sollte sich mindestens auf dem Evidenzniveau IIb (s. Abschn. 4.2.7) bewegen. Eine einfach zu praktizierende Vorher-Nachher-Messung reicht bereits aus, um zumindest grobe Schlussfolgerungen über die Wirksamkeit einer Maßnahme ziehen zu können. Dabei sollte vor und nach der Einführung der Schutzmaßnahme eine Messung der gewünschten Ergebnisse erfolgen. Für die Auswertung ist es notwendig, dass die Ergebnisse der ersten Befragung mit den Ergebnissen der zweiten Befragung auf Individualebene verglichen werden können (z. B. über Pseudonymisierungsschlüssel). So können mögliche Verbesserungen eher auf die durchgeführten Maßnahmen zurückgeführt werden als auf etwaige Änderungen in der Belegschaft (z. B. durch starke Fluktuation). Die Anwendung dieses Prinzips führt dazu, dass Verfahren der psychischen Gefährdungsbeurteilung in der Regel als nicht geeignet angesehen werden müssen, die keine Evaluation durchführen, die nur eine Prozessevaluation durchführen, die die Evaluation nicht auf dem Evidenzniveau IIb oder höher durchführen und/oder die die Befragungen völlig anonym durchführen.

4.1.2   Das Prinzip der „evidenzbasierten Partizipation"

Evidenzbasierte Partizipation kann definiert werden als Partizipation der Beschäftigten auf der Grundlage und im Rahmen evidenzbasierter Maßnahmen.

Dieses Prinzip bringt das Beste aus zwei Welten zusammen: den Partizipations-ansatz und den Evidenzansatz. Auf den ersten Blick schließen sich die Ansätze zwar gegenseitig aus, evidenzbasierte Maßnahmen geben vor, wie zu handeln ist – sie wurden in ihrer ursprünglichen Form in wissenschaftlichen Studien auf ihre Wirksamkeit überprüft – sodass Partizipation hier eigentlich wenig Spiel-raum hat. In unseren Augen ist jedoch gerade die Kombination aus Evidenz- und Partizipationsansatz im Sinne der sogenannten Constrained-Choice-Methode im Rahmen der evidenzbasierten psychischen Gefährdungsbeurteilung sinnvoll. Die evidenzbasierten Maßnahmen geben in dem Fall den Rahmen vor, innerhalb des-sen die Beschäftigten partizipativ entscheiden können. Drei Dinge müssen bei diesem Prinzip erfüllt sein: die einbezogenen Mitarbeitergruppen müssen bei der Erfassung der psychischen Gefährdung vollständig sein, d. h. alle Beschäftigten sollten an der Gefährdungsbefragung teilnehmen können; die Mitarbeiter-beteiligung muss bei der Erarbeitung von Maßnahmen(vorschlägen) gewährleistet sein; die Erarbeitung der Maßnahmen erfolgt auf der Grundlage evidenz-basierter Maßnahmenvorschläge. Hier wird ganz im Sinne von (Sackett 1997) die bestmöglich erreichbare Evidenz gesucht und dann auf die konkrete Situation angewendet. Auf der Basis evidenzbasierten Wissens werden – u. U. angeleitet von ExpertInnen – zusammen mit den Beschäftigten Vorschläge für Maßnahmen aus einem „Menü evidenzbasierter Maßnahmen" (evidenzbasierter Maßnahmen-katalog) ausgewählt und maßgeschneiderte Lösungen für den Betrieb oder den gefährdeten Tätigkeitsbereich abgeleitet. Dabei sollten nur Verfahren der Mit-arbeiterbeteiligung zum Einsatz kommen, die einen gewissen Evidenzgrad hin-sichtlich ihrer Wirksamkeit für sich verbuchen können. Diese Evidenzbedingung erfüllt zurzeit vor allem die Methode des Gesundheitszirkels (Slesina 2001; Münch 1996; Badura et al. 1994). Die Anwendung dieses Prinzips führt dazu, dass Verfahren als in der Regel nicht geeignet für das evidenzbasierte Vorgehen angesehen werden müssen, die prinzipiell oder aus Kostengründen nicht alle Beschäftigten bei der Erfassung der Befragung beteiligen (können) und/oder die die Partizipation ohne Rückgriff auf eine Evidenzbasis durchführen („evidenz-basierte Partizipation").

4.1.3   Das Controlling-Prinzip

Das Konzept der evidenzbasierten psychischen Gefährdungsbeurteilung folgt dem Controlling-Prinzip. Darunter kann die Orientierung des praktischen Han-delns an den Verfahren und Methoden des Controllings verstanden werden. Die Controlling-Idee hält – obwohl schon lange propagiert (Krüger 1995) – langsam

Einzug in den Arbeits- und Gesundheitsschutz (Neubach et al. 2003; Horváth et al. 2010; Stegemann 2000). Unter Gefährdungscontrolling (s. Abschn. 4.2) versteht sich ein Prozess, der das Management durch Informationen und Vorschläge bei der Planung, Steuerung, Kontrolle und Gestaltung des Gesundheits- und Arbeitsschutzes unterstützt, indem Gefährdungen identifiziert, beurteilt und schließlich durch entsprechende Gegenmaßnahmen abgemildert oder verhindert werden. Letzteres sollte anhand entsprechender „Nachmessungen" unbedingt bestätigt bzw. geprüft werden. Dieser Controllingprozess wird auch von der GDA und der BAuA aufgegriffen, wenn dies auch nicht direkt mit dem Begriff des Controllings versehen wird (Leitung des GDA-Arbeitsprogramms Psyche 2017; Sommer et al. 2018; Bundesanstalt für Arbeitsschutz und Arbeitsmedizin (BAuA) 2014). Diese Forderung findet aber bisher nicht überall Anwendung. Oft werden Gefährdungen lediglich analysiert, die Umsetzung abgeleiteter Maßnahmen und Einbindung der Ergebnisse in Managementprozesse sowie die abschließende Wirksamkeitsprüfung der Maßnahmen bleiben häufig aus (Ahlers 2015). Die Anwendung des Controlling-Prinzips führt dazu, dass Verfahren in der Regel dann als nicht geeignet für das evidenzbasierte Vorgehen angesehen werden müssen, wenn sie den aufgezeigten Prozess nicht vollständig durchlaufen und keine Evaluation der Maßnahmen – optimaler Weise mindestens auf dem Evidenzniveau IIb – durchführen.

4.1.4 Das Bedarfsprinzip

Das Bedarfsprinzip besagt, dass nur dort Schutzmaßnahmen in Angriff genommen werden sollten, wo eine Gefährdung besteht und wo eine potenzielle und evidenzbasierte Lösung des Problems der Gefährdung absehbar ist. In Anlehnung an den Sachverständigenrat für das Gesundheitswesen (Sachverständigenrat für die Konzertierte Aktion im Gesundheitswesen 2001) ist ein objektiver Bedarf dann gegeben, wenn ein nachweisbares Problem in Form einer Gefährdung der psychischen Gesundheit durch psychische Belastungen vorliegt und es mindestens eine nachgewiesene wirksame Gegenmaßnahme gibt. Konkret bedeutet dies, dass nur dort Schutzmaßnahmen geplant und eingesetzt werden sollten, wo psychische Gefährdungen tatsächlich bestehen und wo es evidenzbasierte Maßnahmen zum Schutz vor diesen Gefährdungen gibt. Die Anwendung dieses Prinzips führt dazu, dass Schutzmaßnahmen im Rahmen der psychischen Gefährdungsbeurteilung in der Regel als nicht geeignet für das evidenzbasierte Vorgehen angesehen werden müssen, wenn kein echter Bedarf, also keine Kombination aus „echter" Gefährdung und wirksamer Schutzmaßnahme, besteht.

4.2 Das Gefährdungscontrolling

Das Gefährdungscontrolling setzt sich aus den vier Phasen Gefährdungserfassung, Gefährdungsbeurteilung, Maßnahmenplanung und -umsetzung und Maßnahmenevaluation zusammen und orientiert sich am Konzept des Controllings der Gesundheitsdeterminanten (Pfaff und Zeike in Druck). Das Gefährdungscontrolling unterstützt EntscheiderInnen im Betrieblichen Gesundheitsmanagement und Personalwesen durch Informationen und Vorschläge bei der Planung, Steuerung, Kontrolle und Gestaltung des Gesundheitsschutzes und kann als Teil eines 7-Schritte-Programms zur Verbesserung der Gesundheit im Betrieb aufgefasst werden. Im Folgenden werden zunächst die zentralen Phasen des Gefährdungscontrollings im Rahmen des 7-Schritte-Modells (s. Abschn. 4.2.1) dargestellt. Anschließend wird näher auf die methodische Grundlage der für die evidenzbasierte psychische Gefährdungsbeurteilung relevanten Gefährdungsschwellen (s. Abschn. 4.2.2) eingegangen, welche die Grundlage für die Beurteilung der Gefährdung und Gefährdungskombinationen (s. Abschn. 4.2.3) bilden. Es folgen Informationen zum Methodenbericht des Gefährdungscontrollings (s. Abschn. 4.2.4), zu den evidenzbasierten Gefährdungsschutzmaßnahmen (s. Abschn. 4.2.5) und deren Evaluation (s. Abschn. 4.2.6), sowie abschließend zum Gefährdungsbericht (s. Abschn. 4.2.7).

4.2.1 Das 7-Schritte-Modell des BGM-Controllings

Das Gefährdungscontrolling setzt sich aus einem strategischen und einem operativen Gefährdungscontrolling zusammen. Das strategische Gefährdungscontrolling geht der Sinnfrage nach und prüft, ob man mit dem bestehenden System der Gefährdungsbeurteilung auf dem richtigen Weg ist, also das Richtige tut, während das operative Gefährdungscontrolling prüft, ob das (vermeintlich) Richtige richtig getan wird (Horváth et al. 2010; Steinle et al. 1995). Der Kern des Gefährdungscontrollings ist ein Lernzyklus aus Diagnose zum ersten Befragungszeitpunkt (t0), Interventionsplanung, Durchführung der Intervention, Struktur- und Prozessevaluation und Wiederholung der Diagnose zum zweiten Zeitpunkt

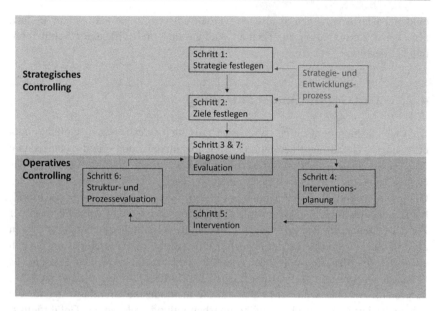

Abb. 4.1   Das 7-Schritte-Modell nach Pfaff und Zeike (in Druck)

(t1). Bezieht sich die Diagnose lediglich – wie gesetzlich vorgegeben – auf die
potenziellen Gefährdungsfaktoren, handelt es sich beim Gefährdungscontrolling
im übergeordneten Sinne um die Erfassung von arbeitsbezogenen Gesundheitsdeterminanten mit Gefährdungscharakter. Das Gefährdungscontrolling ist damit
eine Spezialform des Gesundheitsdeterminanten-Controllings im Rahmen des
BGM-Controllings (Pfaff und Zeike in Druck).

Die Umsetzung des Gefährdungscontrollings erfolgt in einem klar definierten Zeitraum mit einem Anfangs- und einem Endpunkt (Schritt 3 & 7) (siehe
Abb. 4.1). Während der Umsetzungsphase wird eine Struktur- und Prozessevaluation (Schritt 6) durchgeführt. Dabei geht es um die Frage, ob die geplanten
Maßnahmenstrukturen und -prozesse in der notwendigen Tiefe und Breite vollständig umgesetzt wurden bzw. werden. Diese Form der Umsetzungsevaluation
wird nach einem definierten Zeitraum um die Ergebnisevaluation ergänzt. Bei dieser wird durch eine erneute Diagnose zum Endpunkt (t1) (Schritt 3 & 7) geprüft,
ob das Endziel, also die Reduzierung der Gefährdung, in angemessenem Maße
erreicht wurde. Gemessen wird der Erfolg der Maßnahmen hauptsächlich daran,
ob das Ziel der Nicht-Gefährdung erreicht wird und die Gefährdungsfaktoren nach
der Maßnahme unter der kritischen Gefährdungsschwelle (s. Abschn. 4.2.2) liegen.

4.2.2 Die Methode der Gefährdungsschwellen

Sind die Soll-Vorgaben grob festgelegt, müssen Messinstrumente zur Erfassung des Zielerreichungsgrades ausgewählt werden (Beispiele s. Kap. 5), mit denen eine valide Messung des Ist-Zustands erfolgt. Die grobe Soll-Vorgabe muss nun mithilfe des jeweils ausgewählten validen Messinstruments konkretisiert werden. Einfach zu erklären ist dies anhand eines Beispiels:

Die groben Soll-Vorgaben geben vor, dass die Arbeitsbelastungen im Unternehmen näher zu betrachten und ggf. zu verbessern sind. Im Rahmen einer Fragebogenerhebung wird hierfür das Messinstrument „Arbeitsbelastung" ausgewählt. Das Messinstrument (möglichst eine validierte Skala) besteht aus sechs einzelnen Fragen (auch Items genannt). Pro Item gibt es vier Antwortmöglichkeiten, z. B. von „stimme gar nicht zu" (0 Punkte) bis „stimme voll und ganz zu" (3 Punkte). Es können pro Item also maximal drei, minimal null Punkte erreicht werden. Addiert man die Ergebnisse der einzelnen Items dieser Skala zusammen, ergibt sich ein Wert, der sich je nach Antwortverhalten von 0 bis 18 Punkten erstrecken kann.

Das Konzept der evidenzbasierten psychischen Gefährdungsbeurteilung sieht vor, dass man zur Interpretation der durchgeführten Gefährdungserfassung objektive Interpretationsregeln benötigt, die unabhängig von der Person des Interpretierenden gelten (Prinzip der Interpretationsobjektivität). Sie legen fest, ab welchem Wert Handlungsbedarf gegeben ist (rote Ampel), bzw. ab welchem Wert kein Handlungsbedarf gegeben ist (grüne Ampel). Wenn beispielsweise der Schwellenwert bei 14 Punkten liegt, wird eine Verbesserung der Arbeitsbelastungssituation ab einem Wert von > 13 Punkten notwendig. Kein Handlungsbedarf ist gegeben, wenn der Punktwert bei ≤ 13 liegt. Eine Gefährdungsschwelle ist auf einer kontinuierlichen Skala zur Messung eines potenziellen Gefährdungsfaktors als ein feststehender Wert (also z. B. 14 Punkte auf der Arbeitsbelastungs-Skala) definiert, ab dem eine Gefährdung angenommen wird. Im Rahmen der evidenzbasierten psychischen Gefährdungsbeurteilung ist sicherzustellen, dass der Schwellenwert objektiv festgelegt wird, d. h. auf der Basis von wissenschaftlichen Untersuchungen und Ergebnissen.

Im Rahmen der evidenzbasierten psychischen Gefährdungsbeurteilung ist die objektive Festlegung von Schwellenwerten anzuwenden. Nur mit diesem Verfahren kann sichergestellt werden, dass kritische Ausprägungen tatsächlich ein Risiko für das Erleiden psychischer Störungen durch die Arbeit darstellen. Die kritischen oder unkritischen Ausprägungen der jeweiligen Merkmale können – wie bereits kurz geschildert – mithilfe eines Ampelsystems dargestellt werden. Es

Abb. 4.2 Darstellung von Gefährdungen mit entsprechendem Handlungsbedarf

kann dabei eine Unterscheidung in rot = Handlungsbedarf und grün = kein Handlungsbedarf erfolgen (siehe Abb. 4.2). Ggf. kann auch noch eine Zwischenkategorie mit gelb = geringer Handlungsbedarf hinzugefügt werden.

4.2.3 Beurteilung der Gefährdung und Gefährdungskombinationen

Die Beurteilung der Gefährdung erfolgt über die Beantwortung folgender Fragen:

a) Überschreitet die Gefährdung im Analysebereich eine oder mehrere kritische Gefährdungsschwellen?
b) Liegen kritische Werte sowohl im Bereich der Belastungen als auch im Bereich der Ressourcen vor?
c) Liegen besonders kritische Kombinationen von Gefährdungen vor?

Führt die Beantwortung der ersten Frage zu dem Ergebnis, dass mehrere Gefährdungen vorliegen, sollte über ein Priorisierungsverfahren festgelegt werden, für welche Gefährdungen zuerst Maßnahmen entschieden und umgesetzt werden sollten. Die Priorisierung ist wichtig, da jeder Betrieb nur bestimmte personelle, finanzielle oder zeitliche Kapazitäten zur Verfügung hat, sodass eine gleichzeitige Bearbeitung aller Gefährdungsbereiche oft nicht umzusetzen ist. Beachtet man diesen Umstand nicht, kann dies zu frustrierenden und demotivierenden Erlebnissen der Beschäftigten führen, die das Projekt der Gefährdungsbeurteilung insgesamt gefährden können („Bringt ja doch nichts"-Erfahrung).

Die Priorisierung kann dabei zum einen intersubjektiv in Workshops durch Gruppenkonsens erfolgen. Sie kann aber auch wissenschaftlich und damit objektiv erfolgen, indem anhand der wissenschaftlichen Literatur abgeschätzt wird, welche der Gefährdungen eher zu berücksichtigen sind als andere oder indem statistisch über Regressionsanalysen ermittelt wird, welche der Gefährdungsfaktoren psychische Beeinträchtigungen in besonderem Maße vorherbestimmen (dies setzt jedoch die gleichzeitige Messung des Gesundheitszustandes der Beschäftigten im Rahmen der Gefährdungsbeurteilung voraus) oder indem ermittelt wird, welcher der Gefährdungsfaktoren relativ gesehen am stärksten die jeweils gegebene Gefährdungsschwelle überschreitet.

Führt die Beantwortung der zweiten und dritten Frage zu der Erkenntnis, dass bei Ressourcen und Belastungen Gefährdungen vorliegen und das ganz besonders gefährdende Kombinationen vorhanden sind, sind diese vorrangig zu behandeln (Paulus 2019). Zu den besonders gefährdenden Kombinationen gehören solche, die in zahlreichen empirischen Studien als Prädiktor für psychische Störungen untersucht und bestätigt wurden. Zu den evidenzbasierten Gefährdungskombinationen zählen nach dem derzeitigen Stand der Forschung folgende Kombinationen:

1. Hohe Anforderungen + geringer Handlungsspielraum (Karasek und Theorell 1990; Rosen 2016; Rau et al. 2010; Häusser et al. 2010),
2. hohe Anforderungen + geringe Gratifikationen (Siegrist 2007; Siegrist und Dragano 2008; Haupt et al. 2016)
3. Hohe Anforderungen + geringe soziale Unterstützung (Pfaff 1989; Schreurs et al. 2012; Heinrichs et al. 2003).

Diese Gefährdungskombinationen lassen sich unter das eingangs bereits vorgestellte Anforderungs-Ressourcen-Modell von Bakker und Demerouti (2007) subsumieren (s. Kap. 3). Es ist sinnvoll, sowohl bei der Priorisierung der Gefährdungen im Unternehmen wie auch bei der Implementierung von Arbeitsgestaltungsmaßnahmen das Modell als Grundlage zu berücksichtigen (Demerouti und Nachreiner 2019). Darüber hinaus zeigten sich bei der Durchführung der psychischen Gefährdungsbeurteilung in kleinen und mittleren Betrieben, dass es noch andere Gefährdungskombinationen gibt, die im Rahmen der evidenzbasierten psychischen Gefährdungsbeurteilung berücksichtigt werden sollten (Brandstädter et al. 2019; Sonntag und Feldmann 2018).

Mithilfe der Gefährdungsschwellen und unter Berücksichtigung evidenzbasierter Gefährdungskombinationen wird der „Belastungs-Ressourcen-Index" (BRI) ermittelt. Hierfür wird zunächst bestimmt, ob eine hohe Belastung vorliegt

Tab. 4.3 Der Belastungs-Ressourcen-Index

		Belastung	
		Niedrig (0)	*Hoch (3)*
Ressourcen	3 Mängel (3)	3 Gefährdungspunkte	6 Gefährdungspunkte
	2 Mängel (2)	2 Gefährdungspunkte	5 Gefährdungspunkte
	1 Mangel (1)	1 Gefährdungspunkt	4 Gefährdungspunkte
	Kein Mangel (0)	0 Gefährdungspunkte	3 Gefährdungspunkte

und bei welchen Ressourcen ein Mangel vorhanden ist. Aufbauend auf diesen Werten wird dann der BRI bestimmt (Tab. 4.3). Dabei liegt der Fokus allein auf klassischen wissenschaftlich bestätigten Ressourcen und Belastungen. Es werden drei Ressourcen und eine Belastung für die Berechnung des BRI herangezogen:

Ressourcen: Handlungsspielraum, Gratifikation und soziale Unterstützung
Belastung: Arbeitsintensität bzw. Arbeitsbelastung

Vergibt man für den Mangel einer Ressource einen Punkt und für das Vorhandensein der Ressource null Punkte, ergibt sich für die Spalte Ressourcen eine Punktzahl zwischen 0 und 3.

Für den Bereich Belastung werden drei Punkte vergeben im Falle einer hohen Belastung bzw. 0 Punkte für eine niedrige Belastung.

Werden die Punktzahlen kombiniert, ergibt sich ein BRI der eine Gefährdungspunktzahl zwischen 0 (beste Punktzahl) und 6 (schlechteste Punktzahl) erreicht. Im schlechtesten Fall werden 6 Gefährdungspunkte (3 Ressourcenpunkte und 3 Belastungspunkte) und im positivsten Fall 0 Gefährdungspunkte (0 Ressourcenpunkte und 0 Belastungspunkte) erreicht.

Je höher der BRI ausfällt, desto höher ist der Handlungsbedarf. Ein erreichter Index ab vier Gefährdungspunkten hat zur Folge, dass die Gefährdungskombination auf der Priorisierungsliste ganz oben anzusetzen ist.

4.2.4   Der Methodenbericht zum Gefährdungscontrolling

Im Rahmen der Dokumentationspflicht, aber auch zur Sicherung der Kontinuität des Gefährdungscontrollings, ist es sinnvoll, einen Methodenbericht anzufertigen. Er enthält alle relevanten Informationen rund um die Gefährdungserfassung und

-beurteilung. Darüber hinaus sollte er Angaben zu den verwendeten Instrumenten und den zugrunde liegenden Regeln der Gefährdungsbeurteilung enthalten. Im Wesentlichen fasst der Methodenbericht zusammen,

- welche Messinstrumente mit welcher Qualität (Objektivität, Reliabilität und Validität) verwendet werden,
- welche Codierung und Skalenbildung den Messinstrumenten zugrunde liegt,
- welche Schwellenwerte der Beurteilung zugrunde liegen,
- welche Analyseeinheiten bei der Beurteilung berücksichtigt werden und wem im Betrieb welche Auswertungen zugänglich gemacht werden (Berichtsregeln inkl. Informationen zur Anonymisierung) sowie
- welche Regeln der Gefährdungsbeurteilung zugrunde gelegt sind – etwa die Regeln der Evidenzbasierung und das Prinzip des ‚Belastungs-Ressourcen-Index'.

Der Methodenbericht hat damit 6 Bausteine (siehe Übersicht). Zu den Bausteinen 1 bis 3 haben wir bereits in den vorigen Kapiteln wichtige Informationen geliefert. Zu den Punkten 4 bis 6 sind noch einige wichtige Empfehlungen auszusprechen.

> **Übersicht: Die 6 Bausteine des Methodenberichts**
> 1. Verwendete Instrumente
> 2. Codierung und Skalenbildung
> 3. Schwellenwerte
> 4. Analyseeinheiten
> 5. Berichtsregeln inkl. Anonymisierungsregeln
> 6. Regeln der Gefährdungsbeurteilung

Unter Punkt 4 soll dargelegt werden, welche Einheiten eines Unternehmens befragt und analysiert werden. Unter Punkt 5 des Methodenberichts muss erfahrungsgemäß nachvollziehbar festgelegt werden, wie die Anonymität der BefragungsteilnehmerInnen gesichert wird. Dazu muss ein Datenschutzkonzept vorliegen, das u. a. festlegt, wo die erhobenen Daten gespeichert sind, wer Zugriff auf diese „Rohdaten" hat und wer für den Datenschutz die Verantwortung trägt. Um das Vertrauen der Beschäftigten in den Prozess zu erhöhen, empfiehlt es sich, Befragungen von externen Anbietern durchführen und auswerten zu lassen. Zudem muss festgelegt werden, ab welcher Teilnehmerzahl Ergebnisse bezüglich einer Analyseeinheit berichtet bzw. nicht berichtet werden, um einen möglichen Rückschluss auf einzelne Personen zu verhindern.

Bezüglich Punkt 6 hat sich immer wieder als nützlich erwiesen, im Vorhinein Regeln in Bezug auf die Vorgehensweise der psychischen Gefährdungsbeurteilung sowie zur Verteilung der Ergebnisberichte und -inhalte festzulegen. Wenn die Belegschaft weiß, welche Berichte die Geschäftsführung, der Betriebs-/Personalrat, das Personalwesen, die mittleren Führungskräfte und das Gefährdungsbeurteilungsteam bekommen, dann fördert das die Transparenz und das Vertrauen in den Prozess.

4.2.5 Evidenzbasierte Gefährdungsschutzmaßnahmen

Ein wesentliches Element der evidenzbasierten psychischen Gefährdungsbeurteilung ist die Nutzung evidenzbasierten Wissens über die Wirksamkeit von Arbeits- und Gesundheitsschutzmaßnahmen bei der Maßnahmenplanung. Das oberste Ziel der Evidenzbasierung ist es, möglichst nur Maßnahmen zu planen und umzusetzen, die in wissenschaftlichen Studien den Nachweis ihrer Wirksamkeit erbracht haben (s. Abschn. 4.1.1.3). Es geht darum, die vorhandenen Erkenntnisse aus bisherigen Studien zu kennen und bei der Entscheidung, welche Schutzmaßnahmen angewandt werden sollen, zu nutzen (Robson et al. 2001). Besonderes Augenmerk bei der Beurteilung der Maßnahmen sollte auf dem erwarteten Nutzen, möglichen negativen Effekten und den Kosten liegen. Als strukturgebende Grundlage bei der Planung und Implementierung der Gefährdungsschutzmaßnahmen kann das eingangs vorgestellte Anforderungs-Ressourcen-Modell herangezogen werden (Demerouti und Nachreiner 2019).

4.2.6 Evaluation der Gefährdungsschutzmaßnahme

Die eigentliche Überprüfung, ob die ausgewählte evidenzbasierte Maßnahme auch im eigenen Betrieb tatsächlich wirksam ist, findet durch die Evaluation bzw. Wirksamkeitsanalyse statt. Dies ist der letzte und entscheidende Schritt im Rahmen der evidenzbasierten Gefährdungsbeurteilung. Es ist gewissermaßen der entscheidende Test. Alle zuvor beschriebenen Schritte dienen dazu, die Erfolgswahrscheinlichkeit dieses Tests zu erhöhen. Mit der Evaluationsphase wird der Lernkreislauf geschlossen und der Erfolgsgehalt der Maßnahmen zur Gefährdungsabwehr bewertet. Hierbei gilt es bestimmte Qualitätskriterien zu berücksichtigen, die bereits zuvor beschrieben wurden. Die

Diagnose zum Zeitpunkt t1 kann zur einfachen und dennoch evidenzbasierten Evaluation der Schutzmaßnahmen genutzt werden. In diesem Fall wird das einfachste Evaluationsdesign, das „Vorher-Nachher-Design" (s. Abschn. 4.1.1.4) angewendet. Zur Prüfung der Wirksamkeit von Maßnahmen sollte dabei folgende Reihenfolge der Schritte eingehalten werden:

1. Schritt: Vorher-Messung (Diagnose t0)
2. Schritt: Durchführung der Maßnahme
3. Schritt: Nachher-Messung (Diagnose t1).

Zwingend erforderlich dabei ist, dass die zu testende Maßnahme zwischen t0 und t1 begonnen und abgeschlossen wird, nach Abschluss der Maßnahme noch Zeit für die Entfaltung der Wirkung der Maßnahme eingeplant wird, bei beiden Messungen dasselbe Messinstrument für den Gefährdungsfaktor verwendet wird (z. B. Skala „Arbeitsbelastung") und die Verknüpfung der Befragungsergebnisse von t0 und t1 pro Person möglich ist. Unterschiede zwischen den Messzeitpunkten werden – allerdings bei diesem Design mit erheblichen Unsicherheiten und Unwägbarkeiten (Robson et al. 2001) – auf die durchgeführte Maßnahme zurückgeführt. Es handelt sich bei diesem einfachen Studiendesign um ein Design, das sich auf der Evidenzstufe IIb befindet (s. Abschn. 4.1.1.3). Studiendesigns, die auf einer höheren Evidenzstufe einzuordnen sind, sind in der betrieblichen Praxis oft schwieriger anzuwenden bzw. oft nicht betriebspolitisch durchsetzbar. Es gibt jedoch auch hierfür gute Lehrbücher (Robson et al. 2001) und Vorbilder (Bambra et al. 2007; Egan et al. 2007).

Bei der Evaluation ist zudem der Zeitplan von großer Bedeutung. Wie bereits beschrieben muss die Maßnahme zwischen zwei Messzeitpunkten (Diagnose zu t0 und zu t1) stattfinden und abgeschlossen werden. Zwischen den zwei Messzeitpunkten sollte genügend Zeit eingeplant werden, in der die Maßnahme vorbereitet, vorgetestet und eingeführt werden kann und in der die Maßnahme anschließend ihre Wirkung ausreichend entfalten kann. Dies abzuwarten ist nötig, sonst könnte es sein, dass bei der zweiten Messung noch kein Effekt festgestellt werden kann, da dieser erst zu einem späteren Zeitpunkt eintritt. Zur realistischen Planung der Evaluation sollte daher genügend Zeit für folgende Meilensteine eingeplant werden:

1. Information der Belegschaft, der Interessenvertretung und der Führungskräfte
2. Analyse der Ergebnisse von t0
3. Maßnahmenauswahl und -planung
4. Pretest der Maßnahme (Ziel: Machbarkeitsprüfung und Optimierung)

5. Durchführung der Maßnahme unter Einschluss der eventuell anfallenden Überzeugungsarbeiten, Schulungszeiten, Einübungs- und Lernzeiten etc. (Implementierungszeitraum)
6. Entfaltung der Wirkung der durchgeführten Maßnahme (Wirkzeitraum)
7. Vorbereitung der zweiten Messung (t1)

Je nach Inhalt der Maßnahme können die einzelnen Zeiträume lang oder kurz ausfallen. Wurde bei der Diagnose t0 ein Gefährdungsfaktor identifiziert, so hängt der Vorbereitungszeitraum davon ab, wie schnell es gelingt, eine geeignete Gegenmaßnahme auszuwählen und diese von der Geschäftsführung beschließen zu lassen. Der Implementierungszeitraum ist der Zeitraum, der notwendig ist, um die Maßnahme vollständig in das Unternehmen zu integrieren. Die größte Herausforderung besteht darin, die vollzogene Änderung im Alltag aller Beschäftigten zu verfestigen. Es ist daher meist notwendig, einen Pretest der Maßnahme durchzuführen, um die Machbarkeit und die Akzeptanz der Maßnahme zu prüfen und diese gegebenenfalls zu optimieren. Der Implementierungszeitraum sollte daher mindestens die Elemente Transfer, Einübung und Lernen (Stichwort: Lernkurve) beinhalten. Denn selbst wenn alle Beschäftigten bereit sind, die Maßnahme im Alltag umzusetzen, setzt dies Einübung voraus, bis die Veränderungen tatsächlich vollständig gelebt werden. Selbst in dem Idealfall der hohen Akzeptanz kann der Implementierungszeitraum aufgrund der Einübungs- und Lernzeit groß sein. Der Normalfall ist zudem, dass in Teilen der Organisationseinheit Widerstand gegen Wandel eintritt und ein Teil der Beschäftigten (u. U. auch die Führungskräfte) sich offen oder verdeckt weigert, die Maßnahme umzusetzen. Es kann daher sehr lange dauern, bis ein vollständiger Transfer gegeben ist. Der Implementierungszeitraum ist abgeschlossen, wenn die Änderung von allen Beschäftigten gelebt wird. Zur Unterstützung im Implementierungszeitraum lohnt es sich, eine Prozessevaluation (s. Abschn. 4.2.1) durchzuführen. So können Probleme systematisch erfasst und Lösungen direkt erarbeitet werden. Erst wenn die Implementierungsphase abgeschlossen ist, kann die Maßnahme ihre volle Wirkung entfalten. Dann beginnt die eigentliche Wirkzeit. Es folgt die zweite Erhebung (Diagnose t1) mit der geprüft wird, ob der gewünschte Erfolg eingetreten ist.

4.2.7 Gefährdungsbericht

Die letzte Phase der Gefährdungsbeurteilung stellt die Dokumentation der Gefährdungsbeurteilung, der Schutzmaßnahmen und der Evaluation in den

Mittelpunkt, wie es von der GDA vorgeschrieben wird (Leitung des GDA-Arbeitsprogramms Psyche 2017). Dies kann am besten im Rahmen eines Gefährdungsberichts geschehen, der in der Regel zwei Reporting-Teile enthält: den Tätigkeitsbericht und den Kennzahlenbericht. Im Tätigkeitsbericht wird noch einmal genau dargestellt, welche Maßnahmen aufgrund einer ersten Gefährdungsanalyse in den gefährdeten Bereichen angesetzt und durchgeführt wurden. Inhalt des Kennzahlenberichts ist eine genaue Darstellung der Ergebnisse auf Skalen- und Itemebene und vor allem eine Darstellung der Gefährdungslage unter Berücksichtigung der feststehenden Schwellenwerte. Hierzu gehört auch – wenn die zweite Messung erfolgt ist (t1) – eine Gegenüberstellung der Ergebnisse vor (t0) und nach (t1) der Durchführung der Maßnahmen. So sind Veränderungen zwischen dem ersten und dem zweiten Erhebungszeitpunkt gut nachzuvollziehen und die Maßnahmen können hinsichtlich ihres Erfolgs bewertet und gegebenenfalls beibehalten oder angepasst werden.

Das MIKE-Instrumentarium

5

Während sich die bisherigen Ausführungen auf die Methode der evidenzbasierten psychischen Gefährdungsbeurteilungen beziehen, wird im Folgenden beispielhaft auf ein spezifisches Instrumentarium eingegangen, das die Anforderungen einer evidenzbasierten psychischen Gefährdungsbeurteilung erfüllt: das MIKE-Instrumentarium. Die Abkürzung MIKE steht für MItarbeiterKEnnzahlen und verdeutlicht bereits, dass vor allem die Belange und die Beurteilungen der Beschäftigten im Unternehmen im Vordergrund stehen. Es sei an dieser Stelle darauf hingewiesen, dass das hier vorgestellte MIKE-Instrumentarium beispielhaft für die evidenzbasierte psychische Gefährdungsbeurteilung ist. Die Methode der evidenzbasierten psychischen Gefährdungsbeurteilung kann auch mit anderen Instrumenten durchgeführt werden. Diese alternativen Instrumente sollten allerdings den bisher aufgezeigten Kriterien und Prinzipien der evidenzbasierten psychischen Gefährdungsbeurteilung gerecht werden. Das MIKE-Instrumentarium erfüllt viele dieser Bedingungen und kann daher hier als Beispiel dienen.

5.1 Der MIKE-Fragebogen für die psychische Gefährdungsbeurteilung

Der MIKE-Fragebogen für die psychische Gefährdungsbeurteilung (MIKE-PGB) ist aus der MIKE-Kennzahlen-Toolbox hervorgegangen. Diese wurde im Rahmen von schriftlichen Mitarbeiterbefragungen in verschiedenen Industrieunternehmen und einer großen wissenschaftlichen Studie im Dienstleistungsbereich aus dem

© Springer Fachmedien Wiesbaden GmbH, ein Teil von Springer Nature 2020
H. Pfaff et al., *Evidenzbasierte psychische Gefährdungsbeurteilung*, essentials,
https://doi.org/10.1007/978-3-658-28067-3_5

BMBF-Forschungsprojekt „Unternehmensführung mit biopsychosozialen Kennzahlen" (U-BIKE-Studie) an der Universität Köln (Pfaff et al. 2004a) entwickelt
und seither stetig weiterentwickelt. Die verwendeten Skalen wurden hinsichtlich ihrer Eindimensionalität und ihrer Reliabilität mittels Faktorenanalysen
und Reliabilitätsanalysen statistisch überprüft (Pfaff et al. 2004b). Das Ziel des
Projektes bestand in der Entwicklung, Erprobung und Evaluation von Messinstrumenten zur Erfassung skalenbasierter Kennzahlen über die Arbeits- und
Organisationssituation von Beschäftigten. Jede Skala setzt sich dabei aus mindestens drei Items zusammen. Die MIKE-Kennzahlen-Toolbox ist modular aufgebaut, d. h. einzelne Skalen können unabhängig voneinander erhoben werden.
Je nachdem, welche Zielsetzung ein Unternehmen mit einer Mitarbeiterbe-
fragung verfolgt, können einzelne Skalen ausgewählt und zusammengestellt
werden. Aus dieser Toolbox wurden zwei konkrete Fragebögen abgeleitet: der
MIKE-Standardfragebogen zur Durchführung von Mitarbeiterbefragungen
(MIKE-MAB) und der MIKE-Fragebogen zur Durchführung der psychischen
Gefährdungsbeurteilung (MIKE-PGB). Der MIKE-MAB wurde im Rahmen
zahlreicher wissenschaftlicher Studien eingesetzt. Der Fragebogen und die verwendeten Skalen haben sich in vielen Studien bereits weiter bewährt (Fiedler
et al. 2019; Pfaff et al. 2012; Ansmann et al. 2014; Nitzsche et al. 2011, 2013,
2014; Kowalski et al. 2010; Jung et al. 2012; Zeike et al. 2019a, b).

Der MIKE-Fragebogen zur Durchführung der psychischen Gefährdungsbeurteilung (MIKE-PGB) ist aus dem MIKE-MAB abgeleitet und so kon-
zipiert, dass die GDA-Vorgaben erfüllt sind. Der MIKE-PGB beinhaltet vor
allem evidenzbasierte Gefährdungsfaktoren (s. Abschn. 4.1.1.1) und orientiert sich zusätzlich an den Empfehlungen der GDA-Leitlinie zur psychischen
Gefährdungsbeurteilung (Leitung des GDA-Arbeitsprogramms Psyche 2017).
Da es nicht Aufgabe der Gefährdungsbeurteilung ist, die Gesundheits- und
Motivationssituation zu erfassen, beinhaltet der MIKE-PGB diese Module
nicht. Er enthält keine Fragen des MIKE-MAB, die außerhalb der GDA-Gefähr-
dungsfaktorenliste liegen. Konkret erfasst der MIKE-PGB Gefährdungsfaktoren
aus den Bereichen Arbeitsaufgabe, Arbeitsorganisation, soziale Beziehungen,
Arbeitsumgebung, Organisation und Neue Arbeitsformen (Tab. 5.1). Innerhalb
dieser Bereiche werden vorrangig reliable und valide Skalen genutzt. Aufgrund
der optimierten Skalenbildung können in der Mehrzahl 3-Item-Messinstrumente
eingesetzt werden, die trotz geringer Itemanzahl das Reliabilitätskriterium von
Cronbachs Alpha 0,7 (s. Abschn. 4.1.1.1) erfüllen.

Tab. 5.1   Bestandteile des MIKE-PGB

A	Arbeitsaufgabe
A1	Ganzheitlichkeit
A2	Handlungsspielraum
A3	Variabilität
A4	Informations- und Planungsdefizite
A5	Verantwortung
A6	Qualifikation
A7	Emotionale Inanspruchnahme: Belastung durch Kunden

B	Arbeitsorganisation
B1	Arbeitszeit
B2	Arbeitsablauf: Arbeitsbelastung
B3	Arbeitsablauf: Arbeitsunterbrechungen
B4	Kommunikation: Soziale Isolation

C	Soziale Beziehungen
C1	Kollegen und Vorgesetzte: Sozialkapital
C2	Kollegen: Soziale Unterstützung
C3	Vorgesetzte: Soziale Unterstützung

D	Arbeitsumgebung
D1	Physikalische und chemische Faktoren
D2	Physische Faktoren
D3	Arbeitsplatz- und Informationsgestaltung
D4	Arbeitsmittel

E	Organisation
E2	Gratifikation

F	Neue Arbeitsformen
F1	Digitalisierung
F2	Mobilität, virtuelle Führung und Teams
F3	Desk-Sharing
F4	Erreichbarkeit & Work-Life-Balance

5.2   Der MIKE-Maßnahmenkatalog

Wurde im Rahmen der Gefährdungsbeurteilung eine konkrete Gefährdung der Beschäftigten in einem (oder mehreren) Bereich(en) ermittelt, kann der evidenzbasierte MIKE-Maßnahmenkatalog als Hilfsmittel bei der Maßnahmenplanung zum Einsatz kommen. Im Rahmen des Ziels, das Prinzip der evidenzbasierten Partizipation zu verwirklichen, spielt der evidenzbasierte Maßnahmenkatalog eine zentrale Rolle. Der Maßnahmenkatalog bietet Orientierung und einen Handlungsrahmen für das evidenzbasierte Vorgehen. Er enthält pro Gefährdungsfaktor verschiedene Maßnahmenvorschläge, mit Angaben zum Evidenzniveau und zum Empfehlungsgrad. Aus dieser umfassenden Sammlung (und ggf. ergänzenden Recherchen) kann im Rahmen des evidenzbasierten Verfahrens das Portfolio der Maßnahmen erstellt werden, das von den EntscheidungsträgerInnen im Gesundheitsmanagement und Personalwesen genutzt werden kann. Die Grundstruktur des evidenzbasierten MIKE-Maßnahmenkatalogs ist in Tab. 5.2 aufgeführt.

Tab. 5.2 Grundstruktur des MIKE-Maßnahmenkatalogs

		Maßnahmen-Vorschlag	Evidenzniveau	Empfehlungs-stärke	Evidenzbasis/Quellen
A	Arbeitsaufgabe				
A1	Handlungsspiel-raum	Vorschlag 1	IIb	B	Quelle
A1	Handlungsspiel-raum	Vorschlag 2	IIa	B	Quelle
A1	Handlungsspiel-raum	Vorschlag 3	Ia	A	Quelle
B3	Arbeitsablauf				
etc.					

Zusammenfassung

6

Ausgangspunkt dieses *essentials* war das Bedürfnis der Praxis nach einfachen, konsensfähigen und dennoch rationalen Verfahren der psychischen Gefährdungsbeurteilung. Als Lösung wurde die evidenzbasierte psychische Gefährdungsbeurteilung vorgestellt. Wesentliches Merkmal ist, dass die Evidenzbasierung auf drei zentralen Ebenen stattfindet. Auf der Ebene der Gefährdungsbeurteilung werden evidenzbasierte Gefährdungsfaktoren, Messinstrumente und Gefährdungsschwellen genutzt, auf der Ebene des Gefährdungsschutzes werden evidenzbasierte Maßnahmen vorgeschlagen und auf der Ebene der Evaluation werden wissenschaftliche Evaluationsformen zum Einsatz gebracht. Es wurde im Einzelnen aufgezeigt, wie die Methode aufgebaut ist – den Kern bildet das Gefährdungscontrolling. Als beispielhaftes Verfahren zur Durchführung der psychischen Gefährdungsbeurteilung wurde das MIKE-Instrumentarium kurz vorgestellt. Mit der Methode der evidenzbasierten psychischen Gefährdungsbeurteilung ist es EntscheiderInnen in der betrieblichen Praxis, z. B. im Gesundheitsmanagement und Personalwesen, möglich, eine rationale und objektive psychische Gefährdungsbeurteilung durchzuführen – zum Wohle der Beschäftigten und zum Wohle des Betriebes.

© Springer Fachmedien Wiesbaden GmbH, ein Teil von Springer Nature 2020
H. Pfaff et al., *Evidenzbasierte psychische Gefährdungsbeurteilung,* essentials,
https://doi.org/10.1007/978-3-658-28067-3_6

Was Sie aus diesem *essential* mitnehmen können

- Handlungssicherheit durch das System der evidenzbasierten psychischen Gefährdungsbeurteilung
- Verlässliche Ergebnisse
- Leichte Durchführung der psychischen Gefährdungsbeurteilung mit dem MIKE-Instrumentarium
- Gute betriebsinterne Argumentationsgrundlage durch Evidenzbasierung

© Springer Fachmedien Wiesbaden GmbH, ein Teil von Springer Nature 2020 37
H. Pfaff et al., *Evidenzbasierte psychische Gefährdungsbeurteilung,* essentials,
https://doi.org/10.1007/978-3-658-28067-3

Literatur

Ahlers, E. (2015). Leistungsdruck, Arbeitsverdichtung und die (ungenutzte) Rolle von Gefährdungsbeurteilungen. *WSI, 68*(3), 194–201.

Andersen, L. L., Poulsen, O. M., Sundstrup, E., Brandt, M., Jay, K., Clausen, T., et al. (2015). Effect of physical exercise on workplace social capital: Cluster randomized controlled trial. *Scandinavian Journal of Public Health, 43*(8), 810–818.

Ansmann, L., Wirtz, M., Kowalski, C., Pfaff, H., Visser, A., & Ernstmann, N. (2014). The impact of the hospital work environment on social support from physicians in breast cancer care. *Patient Education and Counseling, 96*(3), 352–360.

Atlantis, E., Chow, C.-M., Kirby, A., & Fiatarone Singh, M. A. (2006). Worksite intervention effects on physical health: A randomized controlled trial. *Health Promotion International, 21*(3), 191–200.

Badura, B., Müller, B., & Münch, E. (1994). Gesundheitsförderung in der Arbeitswelt. In G. Westermayer (Hrsg.), *Betriebliche Gesundheitszirkel.* Göttingen: Verlag für Angewandte Psychologie. (Schriftenreihe Organisation und Medizin).

Bakker, A. B., & Demerouti, E. (2007). The job demands-resources model: State of the art. *Journal of Managerial Psychology, 22*(3), 309–328.

Bakker, A. B., van Veldhoven, M., & Xanthopoulou, D. (2010). Beyond the demand-control model. Thriving on high job demands and resources. *Journal of Personnel Psychology, 9*(1), 3–16.

Bambra, C., Egan, M., Thomas, S., Petticrew, M., & Whitehead, M. (2007). The psychosocial and health effects of workplace reorganisation. 2. A systematic review of task restructuring interventions. *Journal of Epidemiology and Community Health, 61*(12), 1028.

Berner, M. M., Berger, M., & Härter, M. (2007). Evidenzbasierte Medizin bei psychischen Erkrankungen. In R. Kunz, G. Ollenschläger, H. Raspe, G. Jonitz, & N. Donner-Banzhoff (Hrsg.), *Lehrbuch evidenzbasierte Medizin in Klinik und Praxis* (2. Aufl., S. 335–343). Köln: Dt. Ärzte-Verlag.

Biron, C., & Karanika-Murray, M. (2014). Process evaluation for organizational stress and well-being interventions: Implications for theory, method, and practice. *International Journal of Stress Management, 21*(1), 85–111.

© Springer Fachmedien Wiesbaden GmbH, ein Teil von Springer Nature 2020
H. Pfaff et al., *Evidenzbasierte psychische Gefährdungsbeurteilung,* essentials, https://doi.org/10.1007/978-3-658-28067-3

Bödeker, W., & Kreis, J. (2002). Der ökonomische Nutzen betrieblicher Gesundheitsförderung. *Prävention, 25*(4), 106–109.

Brandstädter, S., Feldmann, E., Seiferling, N., & Sonntag, K. (2019). Gefährdungsbeurteilung psychischer Belastung in kleinen und mittleren Unternehmen – Validierung des Verfahrens GPB-KMU. *Zeitschrift für Arbeitswissenschaft, 73*(1), 69–77.

Brodbeck, F. C. (2008). Evidenzbasiertes (Veränderungs-) Management. Einführung und Überblick. *Organisationsentwicklung, 1,* 4–9.

Büchter, R. B., & Albrecht, M. (2019). Evidenzbasierte Gesundheitsinformationen in der Prävention und Gesundheitsförderung. In M. Tiemann & M. Mohokum (Hrsg.), *Prävention und Gesundheitsförderung* (S. 1–9). Berlin: Springer.

Bundes Psychotherapeuten Kammer (BPtK) (Hrsg.). (2013). *BPtK-Studie zur Arbeits- und Erwerbsunfähigkeit. Psychische Erkrankungen und gesundheitsbedingte Frühverrentung.* Berlin: Bundes Psychotherapeuten Kammer (BPtK).

Bundesanstalt für Arbeitsschutz und Arbeitsmedizin (BAuA) (Hrsg.). (2014). *Gefährdungsbeurteilung psychischer Belastung. Erfahrungen und Empfehlungen.* Berlin: Schmidt.

Craig, P., Dieppe, P., Macintyre, S., Michie, S., Nazareth, I., & Petticrew, M. (2008). Developing and evaluating complex interventions: the new Medical Research Council guidance. BMJ *337,* a1655.

de Haan, E., Gray, D. E., & Bonneywell, S. (2019). Executive coaching outcome research in a field setting: A randomized controlled trial study in a global healthcare corporation. *AMLE.* In press.

Demerouti, E., & Nachreiner, F. (2019). Zum Arbeitsanforderungen-Arbeitsressourcen-Modell von Burnout und Arbeitsengagement – Stand der Forschung. *Zeitschrift für Arbeitswissenschaft, 73*(2), 119–130.

Egan, M., Bambra, C., Thomas, S., Petticrew, M., Whitehead, M., & Thomson, H. (2007). The psychosocial and health effects of workplace reorganisation. 1. A systematic review of organisational-level interventions that aim to increase employee control. *Journal of Epidemiology and Community Health, 61*(11), 945.

Eisinga, R., te Grotenhuis, M., & Pelzer, B. (2013). The reliability of a two-item scale: Pearson, Cronbach, or Spearman-Brown? *International Journal of Public Health, 58*(4), 637–642.

Emons, W. H. M., Sijtsma, K., & Meijer, R. R. (2007). On the consistency of individual classification using short scales. *Psychological Methods, 12*(1), 105–120.

Engel, G. L. (1977). The need for a new medical model: A challenge for biomedicine. *Science, 196*(4286), 129–136.

Evans, I., Thornton, H., Chalmers, I., & Glasziou, P. (2013). *Wo ist der Beweis? Plädoyer für eine evidenzbasierte Medizin.* Bern: Huber.

Fiedler, S., Pfaff, H., Petrowski, K., & Pförtner, T.-K. (2019). Effects of a classroom training program for promoting health literacy among it managers in the workplace: A randomized controlled trial. *Journal of Occupational and Environmental Medicine, 61*(1), 51–60.

Flake, J. K., Pek, J., & Hehman, E. (2017). Construct validation in social and personality research: Current practice and recommendations. *Social Psychological and Personality Science, 8*(4), 370–378.

Geschäftsstelle der Nationalen Arbeitsschutzkonferenz. (2017). *Leitlinie Gefährdungsbeurteilung und Dokumentation.* Berlin: Geschäftsstelle der Nationalen Arbeitsschutzkonferenz.

Geschäftsstelle der Nationalen Arbeitsschutzkonferenz (Hrsg.). (2018). *Leitline Beratung und Überwachung bei psychischer Belastung am Arbeitsplatz.* Berlin: Geschäftsstelle der Nationalen Arbeitsschutzkonferenz.

Gühne, U., & Riedel-Heller, S. G. (2015). Die Arbeitssituation von Menschen mit schweren psychischen Erkrankungen in Deutschland. Hg. v. Deutsche Gesellschaft für Psychiatrie und Psychotherapie, Psychosomatik und Nervenheilkunde e. V. (DGPPN). Berlin.

Haupt, C., Backé, E.-M., & Latza, U. (2016). Psychische Gesundheit in der Arbeitswelt. Gerechtigkeit und Belohnung. Hg. v. Bundesanstalt für Arbeitsschutz und Arbeitsmedizin (BAuA). Dortmund/Berlin/Dresden.

Häusser, J. A., Mojzisch, A., Niesel, M., & Schulz-Hardt, S. (2010). Ten years on: A review of recent research on the Job Demand-Control (-Support) model and psychological well-being. *Work & Stress, 24*(1), 1–35.

Heinrichs, M., Baumgartner, T., Kirschbaum, C., & Ehlert, U. (2003). Social support and oxytocin interact to suppress cortisol and subjective responses to psychosocial stress. *Biological Psychiatry, 54*(12), 1389–1398.

Horváth, P., Issensee, J., & Gamm, N. (2010). Strategieorientiertes Controlling im Betrieblichen Gesundheitsmanagement – Stand der Praxis und Lösungsansatz. In M. Kastner (Hrsg.), *Leistungs- und Gesundheitsmanagement – psychische Belastung und Altern, inhaltliche und ökonomische Evaluation. Tagungsband zum 8. Dortmunder Personalforum* (S. 50–71). Lengerich: Pabst Science Publication.

House, J. S. (1981). *Work stress and social support.* Reading: Addison-Wesley Publ. Co.

Huang, J. Y., Gavin, A. R., Richardson, T. S., Rowhani-Rahbar, A., Siscovick, D. S., & Enquobahrie, D. A. (2015). Respond to "Multigenerational social determinants of health". *American Journal of Epidemiology, 182*(7), 583–584.

Joiko, K., Schmauder, M., & Wolff, G. (2010). Psychische Belastung und Beanspruchung im Berufsleben. Erkennen – Gestalten (5. Aufl.). Hg. v. Bundesanstalt für Arbeitsschutz und Arbeitsmedizin (BAuA). Bundesanstalt für Arbeitsschutz und Arbeitsmedizin (BAuA). Dortmund.

Jung, J., Ernstmann, N., Nitzsche, A., Driller, E., Kowalski, C., Lehner, B., et al. (2012). Exploring the association between social capital and depressive symptoms: Results of a survey in German information and communication technology companies. *Journal of Occupational and Environmental Medicine, 54*(1), 23–30.

Karasek, R. (1979). Job demands, job decision latitude, and mental strain: Implications for job redesign. *Administrative Science Quarterly, 24*(2), 285–308.

Karasek, R. (2004). An analysis of 19 international case studies of stress prevention through work reorganization using the demand/control model. *Bulletin of Science, Technology & Society, 24*(5), 446–456.

Karasek, R. (2008). Low social control and physiological deregulation – the stress – disequilibrium theory, towards a new demand – control model. *Scandinavian Journal of Work, Environment and Health, Supplement, 6,* 117–135.

Karasek, R., & Theorell, T. (1990). *Healthy work. Stress, productivity, and the reconstruction of working life.* New York: Basic Books.

Kelloway, E. K. (2017). Mental health in the workplace: Towards evidence-based practice. *Canadian Psychology/Psychologie Canadienne, 58*(1), 1–6.

Klenke, B. (2016). Psychische Gefährdungsbeurteilungen in deutschen Unternehmen – Anforderungen, aktueller Stand und Vorgehensweisen. In A. Ghadiri, A. Ternès, & T. Peters (Hrsg.), *Trends im Betrieblichen Gesundheitsmanagement: Ansätze aus Forschung und Praxis* (S. 17–26). Wiesbaden: Springer Fachmedien Wiesbaden.

Kliche, T., Koch, U., Lehmann, H., & Töppich, J. (2006). Evidenzbasierte Prävention und Gesundheitsförderung. Probleme und Lösungsansätze zur kontinuierlichen Qualitätsverbesserung der Versorgung. *Bundesgesundheitsbl – Gesundheitsforsch – Gesundheitsschutz, 49*(2), 141–150.

Knieps, F., & Pfaff, H. (Hrsg.). (2018). Arbeit und Gesundheit Generation 50+. Zahlen, Daten, Fakten. MWV Medizinisch Wissenschaftliche Verlagsges. mbH & Co. KG. November 2018. Berlin: MWV Medizinisch Wissenschaftliche Verlagsgesellschaft (BKK Gesundheitsreport, 42.2018).

Köhnen, H. (2012). Gesundheitsmapping zur Mobilisierung von Beschäftigten zum Thema Gesundheit. Werkstattgespräch Gute Arbeit. Berlin, 03.05.2012.

Kommunale Unfallversicherung Bayern/Bayerische Landesunfallkasse (Hrsg.). (2016). Gefährdungsbeurteilung psychsicher Belastungen. Handlungshilfe. München

Kowalski, C., Driller, E., Ernstmann, N., Alich, S., Karbach, U., Ommen, O., et al. (2010). Associations between emotional exhaustion, social capital, workload, and latitude in decision-making among professionals working with people with disabilities. *Research in Developmental Disabilities, 31*(2), 470–479.

Kreis, J., & Bödeker, W. (2003). Gesundheitlicher und ökonomischer Nutzen betrieblicher Gesundheitsförderung und Prävention. Zusammenstellung der wissenschaftlichen Evidenz (IGA-Report, 3).

Krüger, W. (1995). Controlling-Verfahren für den Arbeitsschutz – Das Konzept der ungestörten Arbeitsstunde. In (HVBG),Hauptverband der gewerblichen Berufsgenossenschaften (Hrsg.), *BGZ-Report 4/95. Produktivitätsfaktor Gesundheit – mehr Wirtschaftlichkeit durch Sicherheit und Gesundheit bei der Arbeit* (S. 85–99). Sankt Augustin: HVBG, Abteilung Öffentlichkeitsarbeit.

Lauterbach, K. (2000). Evidenzbasierte Medizin: Hintergrund, Ziele und Methoden. In K. Lauterbach & D. J. Ziegenhagen (Hrsg.), *Diabetes mellitus – Evidenz-basierte Diagnostik und Therapie. 2. Petersberger Gespräch am 14. November 1998* (S. 1–10). Stuttgart: Schattauer.

Lehner, J. M., & Farthofer, A. (2012). *Evidenzbasiertes Management. Methoden und Kompetenzen der Organisationsanalyse; Mit einführenden Beispielen zu R, Mathematica und SPSS*. Wien: Linde.

Leitung des GDA-Arbeitsprogramms Psyche (Hrsg.). (2017). *Empfehlungen zur Umsetzung der Gefährdungsbeurteilung psychischer Belastung. 3. überarbeitete Auflage. Bundesministerium für Arbeit und Soziales*. Berlin: Leitung des GDA-Arbeitsprogramms Psyche.

Little, T. D., Lindenberger, U., & Nesselroade, J. R. (1999). On selecting indicators for multivariate measurement and modeling with latent variables: When "good" indicators are bad and "bad" indicators are good. *Psychological Methods, 4*(2), 192–211.

Marangunić, N., & Granić, A. (2015). Technology acceptance model. A literature review from,1986 to 2013. *Universal Access in the Information Society, 14*(1), 81–95.

Marsh, H. W., Hau, K.-T., Balla, J. R., & Grayson, D. (1998). Is more ever too much? The number of indicators per factor in confirmatory factor analysis. *Multivariate Behavioral Research, 33*(2), 181–220.

Moore, G. F., Audrey, S., Barker, M., Bond, L., Bonell, C., Hardeman, W. et al. (2015). Process evaluation of complex interventions: Medical research council guidance. *BMJ* 350.

Münch, E. (1996). Gesundheitsförderung im Krankenhaus – Evaluation von Gesundheitszirkeln als Instrumente der Arbeits- und Organisationsgestaltung. In: *Zeitschrift für Gesundheitswissenschaften = Journal of public health, 4*(4), 318–334. DOI: 10.1007/BF02956401.

Neubach, B., Schmidt, K.-H., Hollmann, S., & Heuer, H. (2003). Erfahrungsbericht. Mitarbeiterorientierung als Bestandteil eines Controlling-Systems in einer großen Landesverwatung. *A & O, 47*(1), 36–44.

Nitzsche, A., Kallmeyer, J., Hofmann, A., Diener, S. E., & Pfaff, H. (2011). Gestaltung der Balance von Flexibilität und Stabilität durch implizite Vereinbarungen in der Mikro- und Nanotechnologie-Industrie – GeMiNa – Kennzahlenhandbuch. Hg. v. IMVR – Institut für Medizinsoziologie, Versorgungsforschung und Rehabilitationswissenschaft der Humanwissenschaftlichen Fakultät und der Medizinischen Fakultät der Universität zu Köln (KöR) (Veröffentlichungsreihe des Instituts für Medizinsoziologie, Versorgungsforschung und Rehabilitationswissenschaft (IMVR) der Universität zu Köln, 06-2011).

Nitzsche, A., Pfaff, H., Jung, J., & Driller, E. (2013). Work-life balance culture, work-home interaction, and emotional exhaustion: A structural equation modeling approach. *Journal of Occupational and Environmental Medicine, 55*(1), 67–73.

Nitzsche, A., Ernstmann, N., Baumann, W., Neumann, M., Wirtz, M., & Pfaff, H. (2014). Erholungsmöglichkeiten im Berufsalltag, Work-Life Conflict und emotionale Erschöpfung bei niedergerlassenen Hämatologen und Onkologen. In H.-J. Hannich, U. Plötz, C. Altenstein, W. Hannöver, & U. Wiesmann (Hrsg.), *Kontexte. Gemeinsamer Kongress Medizinische Psychologie Medizinische Soziologie; Greifswald, 17.–20.09.2014* (S. 177–178). Abstractband. Lengerich: Pabst Science Publication.

Nunnally, J. C. (1978). Psychometric Theory: 2nd Ed: McGraw-Hill (McGraw-Hill series in psychology).

Nunnally, J. C., & Bernstein, I. H. (1994). *Psychometric Theory* (3. Aufl.). New York: McGrawHill.

Paulus, S. (2019). Gefährdungsbeurteilungen von psychosozialen Risiken in der Arbeitswelt. Zum Stand der Forschung. *Zeitschrift für Arbeitswissenschaft, 73*(2), 141–152.

Pedersen, C., Halvari, H., & Williams, G. C. (2018). Worksite intervention effects on motivation, physical activity, and health: A cluster randomized controlled trial. *Psychology of Sport and Exercise, 35,* 171–180.

Peter, R., Siegrist, J., Hallqvist, J., Reuterwall, C., & Theorell, T. (2002). Psychosocial work environment and myocardial infarction: Improving risk estimation by combining two complementary job stress models in the SHEEP Study. *Journal of Epidemiology and Community Health, 56*(4), 294–300.

Peterson, R. A. (1994). A Meta-analysis of Cronbach's Coefficient Alpha. *Journal of Consumer Research, 21*(2), 381–391.

Pfaff, H. (1989). *Streßbewältigung und soziale Unterstützung. Zur sozialen Regulierung individuellen Wohlbefindens.* Weinheim: Dt. Studien-Verlag.

Pfaff, H., & Slesina, W. (Hrsg.). (2001). *Effektive betreibliche Gesundheitsförderung. Konzepte und methodische Ansätze zur Evaluation und Qualitätssicherung.* Weinheim und München: Juventa.

Pfaff, H., & Zeike, S. (in Druck). Controlling des Betrieblichen Gesundheitsmanagement: Das 7-Schritte-Modell: Springer Gabler.

Pfaff, H., Ansmann, L., & Kowalski, C. (2012). Work Environment & Patient Outcomes. Abschlussbericht zur Studie „Begleitende Versorgungsforschung im Rahmen der Einführung von Brustzentren in Nordrhein-Westfalen" (EBRU II). Hg. v. IMVR – Institut für Medizinsoziologie, Versorgungsforschung und Rehabilitationswissenschaft der Humanwissenschaftlichen Fakultät und der Medizinischen Fakultät der Universität zu Köln (KöR) (Veröffentlichungsreihe des Instituts für Medizinsoziologie, Versorgungsforschung und Rehabilitationswissenschaft (IMVR) der Universität zu Köln).

Pfaff, H., Lütticke, J., Badura, B., Piekarski, C., & Richter, P. (Hrsg.). (2004a). *"Weiche" Kennzahlen für das strategische Krankenhausmanagement: Stakeholderinteressen zielgerichtet erkennen und einbeziehen.* Bern: Huber.

Pfaff, H., Pühlhofer, F., Brinkmann, A., Lütticke, J., Nitzsche, A., & Steffen, P. et al. (2004b). Forschungsbericht 4-2004. Der Mitarbeiterkennzahlenbogen (MIKE): Kompendium valider Kennzahlen; Kennzahlenhandbuch. Köln: Klinikum der Univ. zu Köln, Inst. und Poliklinik für Arbeitsmedizin, Sozialmedizin und Sozialhygiene, Abt. Med. Soziologie (Veröffentlichungsreihe der Abteilung Medizinische Soziolgie des Instituts für Arbeitsmedizin, Sozialmedizin und Sozialhygiene der Universität zu Köln).

Pigeot, I., Ahrens, W., Foraita, R., Jahn, J., & Pohlabeln, H. (2006). Ausgewählte methodische Probleme evidenzbasierter Prävention. *Prävention und Gesundheitsförderung, 1*(4), 240–247.

Rau, R., & Buyken, D. (2015). Der aktuelle Kenntnisstand über Erkrankungsrisiken durch psychische Arbeitsbelastungen. *Zeitschrift für Arbeits- und Organisationspsychologie A&O, 59*(3), 113–129.

Rau, R., Morling, K., & Rösler, U. (2010). Is there a relationship between major depression and both objectively assessed and perceived demands and control? *Work & Stress, 24*(1), 88–106.

Robson, L. S., Shannon, H. S., Goldenhar, L. M., & Hale, A. R. (Hrsg.). (2001). Guide to evaluating the effectiveness of strategies for preventing work injuries. How to show whether a safety intervention really works. National Institute for Occupational Safety and Health. Cincinnati, OH.

Rosen, P. H. (2016). Psychische Gesundheit in der Arbeitswelt. Handlungs- und Entscheidungsspielraum, Aufgabenvariabilität. Dortmund/Berlin/Dresden

Rothe, I., Adolph, L., Beermann, B., Schütte, M., Windel, A., & Grewer, A. et al. (2017). Psychische Gesundheit in der Arbeitswelt. Wissenschaftliche Standortbestimmung. (1. Aufl.) Hg. v. Bundesanstalt für Arbeitsschutz und Arbeitsmedizin (BAuA). Bundesanstalt für Arbeitsschutz und Arbeitsmedizin (BAuA). Dortmund/Berlin/Dresden.

Ruckstuhl, B. (2003): Evidenzbasierte Gesundheitsförderug. Unter Mitarbeit von Bundeszentrale für gesundheitliche Aufklärung (BZgA). In P. Franzowiak, L. Kaba-Schönstein, M. Lehmann, & P. Sabo (Hrsg.), Leitbegriffe der Gesundheitsförderung : Glossar zu Konzepten, Strategien und Methoden in der Gesundheitsförderung. Schwabenheim a. d. Selz: Fachverlag Peter Sabo (Reihe " Blickpunkt Gesundheit", 6), S. 34–36.

Sachverständigenrat für die Konzertierte Aktion im Gesundheitswesen (2001). Bedarfsgerechtigkeit und Wirtschaftlichkeit. Band III: Über-, Unter-, Fehlversorgung. III.2

Ausgewählte Erkrankungen: ischämische Herzkrankheiten, Schlaganfall und chronische, obstruktive Lungenkrankheiten. Baden-Baden: Nomos.

Sackett, D. L. (1997). Was ist Evidenz-basierte Medizin und was nicht? *Münchener medizinische Wochenschrift, 139*(44), 644–645.

Sanderson, K., & Andrews, G. (2006). Common mental disorders in the workforce: Recent findings from descriptive and social epidemiology. *Canadian journal of psychiatry. Revue canadienne de psychiatrie, 51*(2), 63–75.

Satzer, R. (2009). Stress – Mind – Health. The START procedure for the risk assessment and risk management of work-related stress. Hrsg. v. Hans Böckler Stiftung. Düsseldorf (174).

Schaufeli, W. B., Bakker, A. B., & van Rhenen, W. (2009). How changes in job demands and resources predict burnout, work engagement, and sickness absenteeism. *Journal of Organizational Behavior, 30*(893), 917.

Schmacke, N. (2009). Was bringt ein evidenzbasierter Ansatz in Prävention und Gesundheitsförderung? In v. P. Kolip & V. E. Müller (Hrsg.), Qualität von Gesundheitsförderung und Prävention (S. 61–72). Bern: Huber (Handbuch Gesundheitswissenschaften).

Schreurs, B. H. J., van Emmerik, I. J. H., Günter, H., & Germeys, F. (2012). A weekly diary study on the buffering role of social support in the relationship between job insecurity and employee performance. *Journal of Human Resource Management, 51*(2), 259–279.

Schuller, K. (2018). „Gut, dass wir mal darüber geredet haben…?!". Methodische Herausforderungen für die Gefährdungsbeurteilung psychischer Belastung in kleinen und mittelständischen Unternehmen (KMU). *ASU Arbeitsmed Sozialmed Umweltmed, 53,* 790–797.

Shekelle, P. G., Woolf, S. H., Eccles, M., & Grimshaw, J. (1999). Developing guidelines. *BMJ, 318*(7183), 593–596.

Siegrist, J. (2007). Effort-reward imbalance model. In G. Fink (Hrsg.), *Encyclopedia of Stress, Second Edition Volume One A-E* (S. 893–896). San Diego: Academic Press.

Siegrist, J., & Dragano, N. (2008). Psychosoziale Belastungen und Erkrankungsrisiken im Erwerbsleben: Befunde aus internationalen Studien zum Anforderungs-Kontroll-Modell und zum Modell beruflicher Gratifikationskrisen. *Bundesgesundheitsblatt, Gesundheitsforschung, Gesundheitsschutz, 51*(3), 305–312.

Slesina, W. (2001). Evaluation betreiblicher Gesundheitszirkel. In H. Pfaff & W. Slesina (Hrsg.), *Effektive betreibliche Gesundheitsförderung. Konzepte und methodische Ansätze zur Evaluation und Qualitätssicherung* (S. 75–95). Weinheim: Juventa.

Sommer, S., Kerschek, R., & Lenhardt, U. (2018). *Gefährdungsbeurteilung in der betrieblichen Praxis: Ergebnisse der GDA-Betriebsbefragungen 2011 und 2015.* Bundesanstalt für Arbeitsschutz und Arbeitsmedizin (BAuA): Dortmund.

Song, Z., & Baicker, K. (2019). Effect of a workplace wellness program on employee health and economic outcomes. A randomized clinical trial. *JAMA (Journal of the American Medical Association), 321*(15), 1491–1501.

Sonntag, K., & Feldmann, E. (2018). Objektive Erfassung psychischer Belastung am Arbeitsplatz – Anwendung des Verfahrens GPB in der Produktion. *Zeitschrift für Arbeitswissenschaft, 72*(4), 319–325.

Stansfeld, S., & Candy, B. (2006). Psychosocial work environment and mental health – A meta-analytic review. *Scandinavian Journal of Work, Environment & Health, 32*(6), 443–462.

Stegemann, K. (2000). Betriebliches Gesundheitsschutz-Controlling. Messung und Nutzung von Arbeitsschutz-Maßnahmen.

Steinle, C., Eggers, B., & Lawa, D. (Hrsg.). (1995). *Zukunftgerichtetes Controlling. Unterstützungs- und Steuerungssystem für das Management. Mit Fallbeispielen.* Wiesbaden: Gabler.

Zeike, S., Ansmann, L., Lindert, L., Samel, C., Kowalski, C., & Pfaff, H. (2018). Identifying cut-off scores for job demands and job control in nursing professionals. A cross-sectional survey in Germany. *BMJ open 8*(12), e021366.

Zeike, Sabrina, Bradbury, Katherine, Lindert, Lara, & Pfaff, Holger. (2019). Digital Leadership Skills and Associations with Psychological Well-Being. *International journal of environmental research and public health, 16*(14), 2628.

Zeike, Sabrina, Choi, Kyung-Eun, Lindert, Lara, & Pfaff, Holger. (2019). Managers' Well-Being in the Digital Era: Is it Associated with Perceived Choice Overload and Pressure from Digitalization? An Exploratory Study. *International journal of environmental research and public health, 16*(10), 1746.